キリスト教における死と葬儀

現代の日本的霊性との出逢い

石居基夫［著］

キリスト新聞社

目次

1　はじめに

「死の問題」。これは人間の歴史とともに古いといえるだろう。「埋葬」という行為は、他の動物にはなくて、人間だけに見られる最も原始的な宗教行為だとしばしば指摘される。誰も「死」と出遭わない人はいないし、逃れることもできない。まさに、「死」は人間にとっての普遍的な問題なのである。

けれども同時に、その「死」がどのように受け止められてきたかということにおいては、おそらく時代や場所によってまったく違う問題を見せるものだ。

二〇〇九年、滝田洋二郎監督、本木雅弘主演の「おくりびと」という映画がアカデミー賞外国語映画賞を受賞して大きな話題になった。この作品は、納棺師といわれる葬儀に関わる仕事、しかも直接にご遺体を扱う仕事をしている人物が主人公だ。「死」がまったくタブー視される一昔前なら、こういう映画は作られなかったことだろう。扱うテーマは重いが、美しい山形の自然と、人の声に最も近いといわれるチェロの音色が映画全体を優しく包み込んで、観る者の心を惹きつける。

作品の中に、いろいろな人々の納棺の場面が出てくるが、そこに描かれる死は、現代的な生と死の問題を浮き彫りにしている。性同一性障害と思われる青年の自死、老人の孤独死、ガンによる若い婦人の死、跡継ぎがない代々続いた風呂屋の女将の死、そして、妻と幼い子どもを置いて女性と出て行ったままになり、誰にも看取られることのなかった老人の死などである。こうした「死」の姿は、現代の私たちの生の問題を見事に照らし出している。つまり、死の問題は普遍的な問題であるのと同時に、時代や場所によって異なる固有の問題を持っているのだ。

だから、キリスト教が「死」の問題を捉える時にも、実は普遍的な「死」という問題と、またその時代に特有な「死」の問題との両方に向き合ってきたに違いない。神学が「死からいのちへ」の福音を解き明かす時、この二つの課題に真向かいながら、その時に必要な言葉を紡いできたはずなのだ。また、実際に経験される「死」の現実には、極めて実践的な言葉が求められる。「葬儀」を中心とした牧会的な対応は、具体的な人々の生活の中に働く神の御業に奉仕するものでなければならない。そうならば、私たちは、「現代の日本」という具体的なコンテキストにおいて、この私たちの「死の問題」がどのように立ち現れているのかを考えていく必要があるだろう。

そして、その問題にキリスト教がどのように応えていくのか。どんな役割を担っていくのか。死と葬儀における神の恵みの働きを確認し、見出し、そしてそれをしっかりと分かち合っていきたいと思うのである。

2　日本人にとって、今、死ぬということ

日本の伝統的宗教性

日本の固有性を考える時、その伝統的な宗教性を考えておかなければならない。神道とか仏教が思い浮かぶが、不思議なことに、このまったく違った二つの宗教が何も問題なく共存している。大晦日に除夜の鐘を聞き、正月には初詣をする。つまり、私たち日本人の感じ方の中には、特定の宗教にあまりこだわらず、むしろどの宗教にも共通する日本人的宗教性のようなものがあるということかもしれない。

私は、日本人らしい伝統的な宗教性には二つのものがあると思う。一つは「自然志向型

の宗教性」である。自然の大きないのちの循環の中に自分を預けていくような宗教性といったらいいだろう。死んだら自然の中に還っていくという感じ方を持っている。春が来ていのちが芽生え、夏に成長し、秋にだんだん衰えて、やがて冬を迎えていのちを閉じる。しかし、それで終わりなのではなく、次の春にはまた新しいいのちが芽生えてくる。そのようないのちの大きな循環の中に私たちのいのちもあると感じているのだ。

山と海が身近で、水が豊かに流れている。その水の流れとともに、いのちが巡っている。精霊流しのような行事は、死者の霊もその流れの中に預けることをよく表しているだろう。緑豊かな山は、死者の霊が還っていく場所だ。山の斜面に墓のある風景をよく見るが、それは死んだ人の霊が山に休むと考えられているからだ。そして、ある一定の期間を経て、死者の霊は祖先の霊と一つになっていく。やがて生まれ変わり、新しいいのちとなる。そうした自然と一つであるという宗教性、霊性というものがある。

もう一つの特徴は「共同体志向型の宗教性」だ。私たちは死んだらこの世界からいなくなってしまうのではなく、共同体の中に生き続けるという考え方である。たとえば、家の中に仏壇や神棚を置くが、死んだ人はそこにいると考えられているのだ。家族はそこにお供えをし、ご飯を持ってきて一緒に食事をする。そして、何か大事なことがあれば報告もする。「おばあちゃん、今度、結婚することになりました」と話しかけるのだ。

つまり、死んだ人はいなくなるわけではなくて、共同体の中に生き続けている。共同体の中で私たちのいのちは保たれるのだ。仏教的なやり方だと、三三年とか五〇年をかけて弔いあげをして祖先の霊と一つになるまで、共同体の中にその人として憶えられ、いのちが保たれるという感覚を持っている。

そして、日本人にとっては、個人以上に共同体が重んじられるようなこともある。「和」を大事にするとか、「お家のため」「お国のため」が個人のいのちに勝って価値あるものとされることがある。しかし、そういう中で私たちのいのちの存在を受け取っているのだ。

こうした自然志向型、共同体志向型の宗教性によって、私たちのいのちの始まりも終わりも守られてきた。葬儀では、家を中心としたその共同体全体の中でその死を受け止め、互いに助け合う。葬儀の時ばかりでなく、お彼岸やお盆を迎える時には、共同体全体で死んだ人の霊を山から迎え、お盆が終わったら送り火を焚いてまた送り出す。そういうやり方で私たちは、「死」の大きな喪失の体験、深い悲しみと痛みを和らげ、受け止めていくシステムとしてきたのである。おそらく、私たちのいのちの始まりと終わりを豊かに守るものは、「ふるさと」という原風景だったのではあるまいか。これが日本人の伝統的な死の受容システムだったのである。

今日の死の現実

しかし、この伝統的な死の受容システムが根こそぎ壊れてきた。それが今日の私たちの問題である。

自然のいのちの流れに委ねたいと思っても、私たちは自然を作り変え、そこからいろいろな資源を取り尽くし、そしてずいぶん乱暴をしてきた。東日本大震災での原発事故は象徴的で、しかも決定的に現代の問題を明らかにしている。私たちの文化は自然をどんどん壊してきたのである。

また、都市化された社会では、隣に住んでいるのが誰かさえ分からないし、核家族化し、さらに個人化した社会では、「村」はおろか「家」という基本的な共同体そのものが崩壊してしまっている。人間関係の希薄さの中で、「いのち」の誕生から終わりの時までを支え合い、さらに「死」を超えてその存在のよりどころとなってきた共同性が失われてしまったのである。

自然も共同体も失われ、伝統的な宗教性、死の受容システムは機能しなくなっている。

私たちは帰るべき「ふるさと」を失いつつあるのだ。

今日の「死」のもう一つの現実は、私たちにとっての死ぬことの理想の姿も変えてきた。一昔前、理想的な死として、「畳の上で死にたい」といっていたのは、生まれ育った家で、家族に囲まれて死んでいきたいという率直な気持ちを表している。しかし、今日そのような言葉は聞かれなくなった。畳の上で死ぬことはそもそも現実的ではなく、ほとんどの場合、「病院のベッドの上」で終わりを迎えている。つまり、現代では私たちの生活する日常から「死」が隠されているということでもあるのだ。また、「死」の時に取り囲んでいるのは親子兄弟という家族ではなく、病院のスタッフであり、医療器具であるという現実も見えてくる。

現代の理想の死は、「PPK」だといわれる。「ピン、ピン、コロリ」。死の直前まで元気で、長い闘病に伏せることなく逝くことを望んだいい回しである。平均寿命が男女とも八〇歳を超える日本で、なるべく人の世話にならずに生涯を終えたいというのは自然な思いだ。少子化は子ども世代への負担を大きくしており、実際に世話になりたくても、身を寄せて介護を願えるような余裕もない。私たちの生と死を囲む共同体の変化、その現実的側面をこれは物語っている。

また他方、生命科学や医療技術の進歩は、私たち自身の「生と死」の自然もまた作り変えてきた。もちろん、こうした進歩によってさまざまな病を克服し、あきらめざるを得なかったいのちが救われるようになるなど、医学の発展は私たちにすばらしい恩恵をもたらしている。けれども同時に、この生命科学と医療の進歩は、人の生と死を自然の流れに置いておくよりも、よりいっそう人間の手のうちにコントロールしようとしてきたことでもある。

そのために、さまざまな変化がもたらされ、たとえば「脳死」という新しい死の理解が現れた。それは不可逆的な死の状況にあり、生命維持装置によって体だけが生かされているという状況である。つまり、その「人」は死んでいるけれども、「体」は生きているのだ。そして、このような「脳死」の理解が、死んでいる人から生きた臓器を移植することを可能にした。ただ、「脳死」という現実は、理屈では分かっていても、現実には受け取りにくいのである。

また、人工呼吸器や、胃に直接栄養を入れる「胃ろう」についても、最近しばしば議論に取り上げられる。患者のいのちを支える医療が、死ぬべき時に容易に死ぬことのできない現実を生み出しているのだ。延命のための処置により、本人の意思に関係なく体を生かし続けることができるようになったからである。

私たちは自らの「生と死」の自然に対して科学と技術の手を加えたために、私たちの経験する「死」がもはや自然な死ではなくなっているということなのかもしれない。

キリスト教信仰が応えるべきこと

現代日本の中で「死」に向かい合うとは、このような宗教的・社会的・文化的状況の中で死んでいくということである。キリスト教がその教えを伝えようとするなら、人々がどんな現実を生きているかを知らなければ、決してその信仰を分かち合うことはできない。ルターは宗教改革の呼びかけを始めてすぐのころ、『死の準備についての説教』を出版した。ザクセン選帝侯が重い病にかかり、その魂を慰めるために書かれたものだ。「死」と直面する時に何が求められるかについて説かれているが、その出だしには、死はこの世との別れだから、まず「財産を処分しなさい」とある。もちろん、信仰について必要なことがあり、ルターはそれを伝えたいのだが、それを語る前に、極めて現実的な事柄を述べている。「死」ということは大変具体的で、この世的な事柄でもあることを、ルターはちゃんと知っていたのである。

だから、今の日本人にキリスト教信仰を語り始める時にも、基本的で現実的な問題にしっかりと向き合うことが必要なのだと思う。そして、その上で、この「死」の現実の奥にある深い問いにしっかりと答えることが求められているのだろう。その奥にある問いとは、やはり宗教的な問題といったらいいだろうか。今の言葉でいえば、スピリチュアルな問いである。私たちは深い魂の問題を無視することはできない。

今まで見てきたことから考えると、今日、私たち日本人が死に向かい合う時のいちばんの問題は、「ふるさと喪失」ということだといってもいいだろう。慰められ、そこに帰り、また生かされてきたはずの自然と共同体の豊かな「ふるさと」を、私たちは失ってしまったのだ。

もちろん、その「ふるさと」のイメージは人によって異なっている。ある人は昭和三〇年代初めの田舎の風景を、ある人は日本人のルーツをたどるように縄文時代のアニミズム世界をイメージするかもしれない。そして、かつてそのような「ふるさと」があったと懐かしく思い起こし、それを取り戻したいと思う。しかし、その「かつて」とはいつのことだろうか。そして、そこに戻ることができるのだろうか。ノスタルジーによっては、本当の問題に向き合うことはできないのである。

聖書は初めから、人間の「ふるさと喪失」の現実を書き表している。アダムとエバは神様の言葉に従うことができなかったために、楽園に留まることが許されなかった。人間が神様の御心から離れてしまったために、神様から身を隠し、そして、本来最も信頼し合うべき助け手である相手との関係をも壊してしまった。聖書に最初に描かれる「死」が兄弟殺しであることが、人間の共同性がいかに深刻に病んでいるかを表している。また、自然(土)との関係においても呪いが置かれ、労しても苦しみが絶えず、安らぎがないことになってしまったのである。

つまり、日本人がそこに安らぎを求めていた「ふるさと」の原風景は、聖書によれば、人間がこの歴史のうちに生きる時、根源的に失ってしまっているものなのだ。だから、日本人の求める伝統的な死の受容システムは、一〇〇年前でも一〇〇〇年前でも決して本当に慰めと救いをもたらすものではなかったのかもしれない。その根っこに神様との関係の破れ(罪)の問題があるからだ。

けれども、まずはルターに倣って、私たちが今の時代にその人生を終えていこうとする時、どういうことが具体的に必要になってくるのかということについて見てゆくことにしよう。

3　死に直面して

現実への対応

今日、私たちが実際に「死」に向かい合うには、いろいろな問題がある。現実的なことでは、先ほど触れたように、現代の生命科学と医療技術の進歩によって、私たちが「死」に向かうプロセスにさまざまな可能性がもたらされたといえる。こうした事態に対応して議論されるようになったのが「クオリティ・オブ・ライフ」（ＱＯＬ）ということであり、これは「いのちの質」とか「生活の質」と訳される。ただ生物学的に生きていること、生命が保たれているということだけではなく、自分らしく、また人間としての尊厳を持って「生きる」こと、つまり、本人が主体的に生きることの「質」を保証していこうという考えだ。

病気や老齢のために、いろいろな意味でサポートを必要としなければならない時間が長くなってくることが当然考えられる。ＰＰＫを願っても、そうなるとは限らない。その、さまざまな不自由さを抱えて生きる時間を、どのように生きるのかという問題なのである。

①社会的資源について

まず提案したいのが、社会的資源を用いるということだ。

一緒に暮らしているのが大家族だったらまだいいが、現代はそのような状況ではない。そのため、夫婦で共に歳をとり、あるいは最後は一人で歳をとっていかなくてはならないというのが、今日の私たちの現実である。いざという時、私たちはどうやって支えてもらえるのか、あるいは、どのように最後の時間を過ごすのかと、しばしば不安と恐れを持つものだ。

けれども、必ずしもすべてを一人で抱え込まなくてもいいように社会的な資源があり、それが福祉の働きだ。また、在宅での療養を支援するための医療サービスもある。

私たちはいつでも一人だけで生きていくことはできない。社会の中でつながり、助け合い、役割分担をして生活が成り立っているといってもいいだろう。年齢とか病気とか、それぞれの事情の変化に応じて、そのつながり方も変わる。現代社会において具体的な助けが必要な時には、介護、医療などのサービスが受けられるよう、私たちは制度を作り、それを支える義務も果たしてきた。だから、必要な時には、そうした社会的な資源を十分に使ってよいのである。

②リビング・ウィル

二番目に、いざという時、現代の医療ではいろいろなことが可能になってきているので、自分の意思をはっきりと示しておくとよいだろう。脳死状態となったら臓器提供はどうするか、延命治療についてはどうしてほしいかなどをきちんと伝えておくのだ。これを「リビング・ウィル」という。自分が生きている間、その最後の時の事柄、その選択肢について、きちんとした意思表示ができない状態になることがあり得るので、その時にどうしてほしいか、自分の意思をあらかじめ示しておいて、意思決定の尊厳を求めることである。

「尊厳死」とか、最近は「平穏死」という言葉が用いられる。現実に延命などについての判断が必要になる時は、逼迫した状況においてであろう。そして、家族や近親の者たちは可能性の中で悩むことが多いだけに、リビング・ウィルがあると、家族も本人の意思だからと医師に伝えることができ、対応しやすくなる。

③エンディング・ノート

もう一つ備えるとよいのが「エンディング・ノート」だ。いよいよ自分が死を迎える時、何をしてほしいかを伝えるためのノートである。人生を締めくくる時、リビング・ウィル以外にも、どこに何があるかといった備忘録、さらには葬儀、埋葬、友人などの連絡についても、どう考えるのか、どうしてほしいかをそこに書いておくのだ。

私たちはこの世の生活から離れるのだから、そのことに向けて自分でできる整理はしておくが、いずれにせよ、最後は誰かに委ねなければならない。だから、世話になる人に伝えるべきことを遺しておくことは必要なことである。

実際、私たちは、家族であっても、信仰を伝えることはなかなか難しいことであるかもしれない。そうなると、一人だけ教会に通っていた本人が亡くなった時、遺された家族はどうしてよいか分からない。いざという場合には、この牧師に連絡してほしいと伝えておくと、家族は助かる。愛誦聖句や好きな賛美歌、花の好みなども具体的に書いておくことは、単に葬儀礼拝のためということばかりではなく、私たちが何を考え、どんなことを愛し、何によって生きてきたかという具体的な信仰を伝えるものとなるだろう。

繰り返すが、「死」は私たちにとって非常に現実的な事柄である。その現実に対してどのような準備ができるのか。もちろん、すべてに対応することなどできない。だから、いちばんおしまいは「後のことはよろしく」というしかないのであろう。もちろん、それでよいのだが、そのためにも、何をどのように「よろしくお願いしたい」のか、何をどう選ぶのか、私たち自身のいのちの処し方について書き遺しておきたいのである。

そして、本当は書き遺すだけではなく、それをきっかけにして家族と共にその時について語り合うことで、人生についての何か大切なものを分かち合うことができるように思う。

スピリチュアルな問い

これらを踏まえた上で、私たちは信仰においてその最期をどのように迎えていくのか、そのことをしっかりと考えていきたい。今まで見てきたように、私たちは自分の人生について、自分の考えで自分の希望をかなえたいと思う。しかし、「死」に際して私たちの本当のいちばんの問題は、私たちにはどうにもならない、選びとることのできない死の深い闇の問題だ。死の現実の奥に、私たちにとっての深い問いがある。これは「死」一般についての理解の問題ではない。もっと切実に「私の死」が問題になる。それが宗教的、あるいはスピリチュアルな問題なのだ。

スピリチュアルな問いとは、私たちが「生きる」ということの根っこにあるいちばん深い問題で、その一つは「存在論的な問い」だ。つまり、「私は生きていてよいのか」と問うのである。死と向かい合う時間を生きる時、私たちはいろいろなことができなくなって、人の世話にならなければならない。この世界は、存在することだけではなく、何かできること、成果があることが求められる社会であり、そういう中で「私は生きていてよいのか」と問わずにはいられなくなる。つまり、「存在の肯定感」をどのように得ていくのかという問題に必ず直面するのだ。

次は、「意味の問い」である。「私は何のために生きているのだろう、こんなになっちゃって。何か自分の可能性がこの苦しみの先に待っているのなら、これも意味があるのかもしれない。けれど、ただ苦しくて、迷惑をかけるばかりだ」と思うと、自分が生きている意味が分からなくなり、「私は何のために生きているのか」と問うのである。

それから「死後への問い」で、「死んだらどうなるのか」、「死ぬとはどういうことなのだろう」、「そう考えているこの自分はどうなるのだろう」と問うものだ。この問いは、生きている現実感を根こそぎ奪うほどの力を持っている。死の恐ろしさはそういうことであり、私たちの生をどんどん蝕んで、食べ尽くしてしまうのである。

最後に「不条理の問い」で、「なんで今、こんなことにならなければならないのか」という問いである。突然の病や大きな事故に遭ったり、災害に巻き込まれたりすると、「今、この時でなくてもよいのに」という思いが私たちの中に起こる。死が迫る時は、ことにそうだ。「なぜ、今、私に、こんなことが起こらなければならないのか」。

こうした問いが、実際にはそれぞれが区別されずに、私たちの魂のいちばん深みに起こってくる。おそらく、理性によって納得のいく答えはどこにもないだろう。たとえば、愛する家族が今ベッドの上で死に捕らえられているとして、その人にこれらのことを問われたとしたら、言葉のないまま立ち尽くすしかない。これらの問いに対して、誰もがうなずける答えは見つからないのである。

これらの問いには、私たち人間は答えを持ち得ないのである。だからこそ、人間を超えた超越的なものの中にしか、その答えを見出すことができない。それがスピリチュアルな問いであり、ただ神様にしか分からないことがあるのである。

この深い問いにとらわれると、身のまわりのすべてが何かそらぞらしく感じられるようになるかもしれない。豊かな自然も、親しい友の声も、すべてが色を失い、慰めにならない。それゆえ、私たちの深い求めには、本当に必要なものがあるのである。

4 キリスト教信仰において

聖書のメッセージ

①死の恐れと信仰

聖書によれば、もともと人間は「土の塵」（創世記二・七）で形作られたものであって、やがて「塵」に帰る有限な存在にすぎない。死に向かうことは、「この世のすべての者がたどるべき道」（ヨシュア二三・一四）なのだ。ただ、神様の息吹、そのつながりの中で生きる確かさをいただく。

その私たちが実際にたどる「死」への道行きは、苦しみと恐れに満ちている。それは、先ほども触れたように、私たちがこの神様とのつながりを失い、遠く離れてしまった罪のためだ。パウロは、私たちの死が「罪が支払う報酬」（ローマ六・二三）であるといった。つまり「死」の恐ろしさは、神様の裁きを知らしめるものとされてきた。

私たちの存在の究極的な問いに対する答えは、神様によって創造された私たちの中にではなく、創造者である神様にしかない。その神様から離れてしまったら、私たちの存在は本当に虚しく感じられるのは当然だろう。ルターは、神様から離れていることそのものが「死」であるという。たとえ生きていても、神様から離れているのでは、死んでいるのと同じなのだ。だから、不安と恐れに満ちている。逆にいえば、神様との確かなつながりの中にあれば、死んでも生きるいのちの喜びと平安に満たされるということだ。

では、どのようにしてこの神様との確かなつながりのうちにいられるのだろうか。私たちは、たぶん理屈ではなくて、ただ神様の御言葉、語りかけを聞くしかない。そして、ただ信頼する以外にはないのだ。私たちの存在のために、いのちのためにキリストが十字架にかかって、私たちの罪、私たちの生と死を全部引き受け、私たちを愛し、赦し、癒し、慰め、生かしてくださる。私たちに対する死の力を滅ぼして、死の向こう側に希望を示してくださる。それは聖書の伝えるところだが、他でもなくこの私のために、今イエス様が手をとって起き上がらせてくださるように語りかけられる声に聞く以外、私たちがこの神様とのつながりを確認することはできない。

だから私たちは、繰り返しその御言葉を聞くために礼拝に集まるのだ。死に向けて備えるということは、この礼拝で御言葉を絶えず聞いていく以外にはないのである。

②キリストの救い

私たちが「死」と向かい合う深い問いの中にある時、どれほど信仰の経歴があろうとも、実際には深い闇に包まれ、神様とのつながりはおろか、諸々の問いに対する確かな答えなど少しも見出せないという経験をするだろう。信仰の理屈は何の役にも立たない。

その時、私たちにとってのたった一つの答えは、あの十字架の主イエス・キリストによって与えられる。神などいないと思うような死の恐れと暗闇の只中で見出されるのは、あの十字架上で「わが神、わが神、なぜわたしをお見捨てになったのですか」（マタイ二七・四六）と叫ばれた主ご自身なのだ。その主こそが、今この私に最も近い存在でいてくださるということが知られてくる。主イエスが、その誕生から十字架に至るそのすべてを通して、どれほど私たちに寄り添い、近づき、私たちをご自分のものとして愛してくださっているか、その恵みが知られてくるのである。それは、私たちのために復活し、天にあって私たちを新たに生かし、導き、迎えてくださる恵みである。

信仰の歩みと死

おそらく私たちは、そのキリストのメッセージに繰り返し出逢い、信仰を与えられ、生かされているのだと思う。私たちは、信仰が薄いにもかかわらず、神様が繰り返し働きかけ、捉え導いてくださる人生を歩む者でしかないのだ。

私たちがもし「死」について何か備えるとすれば、今までの人生の歩みの中で与えられてきたメッセージによって生かされてきた恵みを憶えたい。あの時にも励まされた。この時にも力づけられた。こんなふうに出逢いが与えられ、導かれ、生かされた。そうした歩みを確認し、神様の恵みを喜びたいのである。たとえばエンディング・ノートには、自分の人生を振り返り、信仰の経歴として受洗や堅信、教会での活動、それぞれの時に関わってくれた牧師のことなどが記録されるかもしれない。しかし、それにも増して、自分の人生における神様の導きを確認していけたらよいと思う。

そしてそれは、私たち個人で完結するものではなく、やはり教会の交わりの中で大きく支えられることだと思う。互いに証しを分かち合うことで、私たちは自分の信仰の生を確かにしていくことができるのだ。教会で互いに祈り、祈られる関係の中で私たちは生かされている。
ホイヴェルス神父が「最上のわざ」という詩を紹介している。

この世で最上のわざは何？
楽しい心で年をとり、
働きたいけれども休み、
しゃべりたいけれども黙り、
失望しそうなときに希望し、
従順に、平静に、おのれの十字架をになう。

若者が元気いっぱいで神の道を歩むのを見ても、ねたまず、
人のために働くよりも、
謙虚に人の世話になり、
弱って、もはや人のために役だたずとも、
親切で柔和であること。

老いの重荷は神の賜物、
古びた心に、これで最後のみがきをかける。
まことのふるさとへ行くために。
おのれをこの世につなぐくさりを少しずつはずしていくのは、
真にえらい仕事。
こうして何もできなくなれば、
それを謙虚に承諾するのだ。

神は最後にいちばんよい仕事を残してくださる。
それは祈りだ。
手は何もできない、
けれども最後まで合掌できる。
愛するすべての人のうえに、神の恵みを求めるために。

すべてをなし終えたら、

臨終の床に神の声をきくだろう。
「来よ、わが友よ、われなんじを見捨てじ」と。
（土居健郎・森田明編『ホイヴェルス神父――信仰と思想』聖母の騎士社、二〇〇三年）

この詩の中で、「神は最後にいちばんよい仕事を残してくださる。それは祈りだ」とあるように、祈ることは最期の時まで私たちができることだろう。

挨拶を交わすことも、あるいは、そこに座っていることだけでも、その人が証しし、また他の人に恵みを分かち合うものとしてこの交わりの中にある。私たちはこの交わりの中でこそ、生きる意味を受け取っていくことができる。教会には私たちに与えられる場所があって、互いに交わりのうちに憶えられる。そのことで私たちは、自分たちが神様につながる意味と豊かな祝福を知らされるのだ。

もし、こうした証しが分かち合われ、主に委ねつつ受け止めて生きていくことができるなら、それは決して「死の準備」なのではなく、ここに与えられた永遠のいのちの交わりに生かされていく豊かさを確認することだと思う。

聖徒の交わりの中で

この信仰の交わりは、生きている間にだけあるものではない。これは、生きている者とすでに死んで召された者も共にある交わりなのだ。

教会で葬儀があると、「あの方も逝って、いなくなってしまったのですね」、「礼拝堂のあの方の指定席が空いて寂しくなるなあ」と私たちは思う。けれども、教会での交わりは普遍的な交わりで、その日に集まっている「今、ここ」だけの交わりではない。

ルーテル教会の聖餐式では半円になって食卓を囲むが、向こう側には見えない半円があり、それが目に見えない普遍的な教会の交わりを表しているといわれる。つまり信仰の交わりは、キリストを中心に皆が一つにあるという意味の交わり、御国の先取りなのだ。だから、その一つの教会の交わりだけではなく、全世界の教会の交わりが考えられている。そして、それと同時に、時代を超えて、昔の教会、未来の教会、すべての教会の信徒が共に御国の祝宴にあずかっている「しるし」を、この聖餐の交わりでいただく。つまり、すでに召された人も同じ集まりの中で主の喜びに共にあずかっているのだ。

先に共同体志向型といったが、日本人にとっては、親しい交わりとしての共同体が特別な意味を持っている。日本人の伝統的な宗教性にとって、その共同体は家族や村落共同体を意味しただろう。しかし、信仰を持つ私たちは、共々にイエス・キリストの恵みに生かされ、赦されて、そして喜びも悲しみも分かち合っていく、そういう信仰による交わりがあるのだ。その交わりは、死を超えた永遠の交わりである。生きている者も、すでに召された者も、キリストを中心としたこの交わりの中にある。教会がこうした交わりを持っていることは、日本人の求めに応えるものではないだろうか。

死のいちばんの恐ろしさは孤独だという。死ぬことによってすべての人々から断ち切られ、忘れられて、一人になってしまう。死の床でその恐ろしさを感じたなら、教会の交わりを思い起こすようにとルターはいっている。「私が死ぬことになっても、一人で死ぬのではない。キリストが共にいてくださり、また、天上の聖なる御使いや聖徒たちや地上の信仰篤き人々がみな味方になって、共にいてくださる」と。

死は私たちをすべてのものから切り離す力のように思われるが、聖書は次のように語る。その最期の時まで、キリストが必ずあなたと共にある。あなたと共に死んで、共に葬られる。そして、あなたを共に復活のいのちにあずからせてくださる。キリストは決してあなたを見捨てないと約束してくださるのだ。

被造物全体の救いの中で

日本人の自然志向型の宗教性は、自らの有限性を自然の大きないのちの流れ、その連続性の中に置くことで克服しようとするものだろう。その連続性の意識が、自然そのものへの共感、共存性への意識ともなっていると考えられる。豊かな自然、特に水が豊富である日本の風土が、いのちの循環に対する特別な信頼性を育んできたといえる。

キリスト教の信仰は人間中心なのではないかといわれることがあるが、本当は神中心だ。そして、人間だけが救われるのではなく、被造物全体の救いが聖書には約束されている。人間の罪のために、神様に造られたものすべてが呪いのもとにあり、うめきつつ贖われる時を待っていると、ローマ書八章には記されている。また、イザヤ書の一一章には、救いの時には、人間がすべての肉食、草食の動物たちと共に共存するイメージが示されている。争うことも殺し合うこともない平和の実現は被造物全体に及び、いのちが満ちあふれるのである。

日本人の自然志向型の宗教性は、確かに大きないのちの流れを感じとり、その流れに自らを委ねようとする。けれども、自然を破壊する人間自身が変わらない限り、確かな救いを見ることはできないだろう。自分のために自然を利用し尽くし、自らの自然をも造り変えていくのが人間なのだ。だとすれば、自然が私たちを救ってくれるように求めても、本当の救いは見出せないのではないだろうか。

「われ山にむかいて目をあぐ、わが援助《たすけ》は何処《いずこ》より来るや」。この詩篇一二一篇の作者は、荒涼とした茶色の岩山を見上げ、絶望的な厳しさの中で神を求めている。人間にも自然にも自ら再生する力が見出されない中で、確かな救いをもたらすことのできる唯一の創造主を待ち望んでいるのだ。その意味で、自然も私たちも造って保たれる神様が、主イエスを真のいのちの水として与えてくださった。私たちが自らを委ねるべきは、この本当のいのちの主、いのちの源なのである。

いずれにしても、日本人的な死の受容システムが崩壊している今だからこそ、私たち日本人の宗教性が求めているところをさらに超えて、確かないのちの恵みで応えることのできるキリスト信仰の深みを分かち合うべき時といえるだろう。聖書は、私たちが本当の意味で平安を与えられる天にあるまことの「ふるさと」を指し示している。

5　キリスト教の葬儀

葬儀とは何か

私たち日本人の宗教的な土壌においては、長く信仰生活を送ったとしても、いろいろな事情で教会の葬儀ができず、仏式で行われることも珍しくない。家の宗教、特にお墓との関係があって、個人の信仰的な事情は、それこそ共同体志向型の宗教性の中に犠牲にされてしまうことが多いのである。

しかし、キリスト教式の葬儀でなかったから天国に行けないということはない。葬儀は、それによって死者が天国に行くことを確かにしたり、その魂が安らかになるために行うわけではないからだ。それら必要なことはすべてイエス様が担っていてくださるから、心配はない。仏教的な考えでは、遺された者のそうした宗教的行為が功徳を積むことであり、回向《えこう》といって、死んだ人のために役立つと説明されるだろう。けれども、私たちの信仰では、イエス様がきちんと救いを整え、神様がすべてを御手のうちに置いてくださっているので、葬儀そのものがキリスト教式でなかったから救われないということはないのである。

では、葬儀は何のために行うのだろうか。まず、その亡くなった人にとって「死」の出来事が確かに神様の御手のうちにあることを確認し、また改めて主にすべてを委ねていくためである。それと同時に、遺された者がその葬りをキリスト教信仰において執り行い、神様の与えてくださる慰めと希望を受け取っていくために行われるといってよいだろう。だから、亡くなった本人がたとえキリスト教信仰を持っていなかったとしても、遺族がその葬儀によってキリストからの慰めと希望を求めるのであれば、キリスト教式でその方の葬儀が行われることがあってもよいと思う。

最近は、「葬式はいらない」という人たちもおり、宗教学者をはじめ、いろいろな人が葬式についての本を出している。「直葬」といって、宗教的葬儀を行わずに親族のみで火葬だけを行うやり方も紹介されている。その主張の多くは、本当に葬式がいらないのではなく、必要以上に見栄を張った豪華な葬儀はいらないということだろう。もしかすると、仏教的葬儀で、何のために使われているのか不明なお金が多くかかってしまうことへの批判的な気持ちがそこにあるのかもしれない。

しかし、形はどうあったとしても、おそらく宗教的な葬儀は必要だろう。なぜなら、生と死の問題は、「神・仏」と呼ばれる、何か私たちをはるかに超えた大いなるものとの関わりの中で考えなければ解決のつかない、収まることのない大問題であるからだ。「死」を受け止め、悲しみ、祈り、何か儀式的な形をもって葬りを行っていく。そうでないと私たちは、死者を死者の世界に送ることができないし、生きている者が確かな生の世界に留まって生き始めることもできない。これが葬儀という「通過儀礼」の大事な役割なのだ。

キリスト教の葬儀では、死者を神様に委ね、遺された者が御言葉によって慰め励まされ、それぞれの現実的な生活の中に生かされるよう、交わりの中で互いに支え合うように、神様の働きを受け取っていくのである。

死と葬りのプロセス

さて、実際には葬儀は、それだけが突然にやって来るということはない。事故や災害、あるいは突然の病であれば、そういう場合もあるが、一般的には死んでいくというプロセスを生きていく。

死というのは、時間の中のある一つの点として起こるのではない。確かに、死の三徴候が確認される、そういう「点」を示すことはできるだろう。けれども、その人の死をはっきりとした「点」によって理解することはできない。私たちは一連の時間の中でだんだんと死んでいくものだ。そのプロセスがどれだけの時間として過ごされるのかについても、それぞれだ。長い「死のプロセス」は、肉体的な死の前後に延びている。死んでいく時間、つまり看取り・看取られる時間があり、そして、死が訪れた後に遺された者がその「死」を受容し、死者を悼む時間があるのだ。そうして時間をかけながら、確かにその人は死んでいく。

死に直面する本人には、深い悲しみや恐れがある。キューブラー・ロスはそうした「死の受容」のプロセスを、否認、怒り、取引、抑うつ、受容という五段階で示した。おそらく現実はそのとおりではないだろうが、私たちは自分自身の死と向き合う時間を、さまざまな思いや考え、そして感情の動きの中で生きていく。先に触れたスピリチュアルな問いにとらわれることがあるかもしれない。生きてきた人生への感謝や、逆に悔恨などを実感することもあるだろう。そうした時間そのものが死のプロセスとなる。

そして、肉体の死の後にも、実はその死のプロセスは続く。たとえば、医者が臨終を宣言した時、その人の体はもはや遺体でしかない。その人はそこにもう存在しないのだ。けれども私たちは、その人が今まで生きてきたその体に向けて語りかけるだろう。遺族にとってはある意味でその人はまだ死に切っていないのだ。まだ「生きて」いるのである。

だから、そのプロセスは、本人だけではなく、具体的な関係を持っている者が共に生きるプロセスでもある。そして、そのエンディングのプロセスに寄り添い続ける宗教として、キリスト教は、おそらく今のところ最もよい働きをしてきているといってもよいかもしれない。牧師や神父は、死に直面している本人にも家族にも寄り添い、祈り、神様からの言葉を共に分かち合い、また具体的なこの世の交わりの中に関わって、この死のプロセスを共に過ごす。こうした牧師・神父の働きは牧会の大切な務めとされている。

葬儀では、日本的なやり方だが、臨終の祈り、納棺の祈り、前夜式、葬儀、火葬の祈り、火葬後の祈り、記念式といった一連の儀式がある。この一つひとつの時に牧師が関わり、一連の式を通して神様の御手を確かに受け取っていき、また神様の御手に委ねていくのだ。これが遺される者にとって大きな慰めになり、力になることを知っておきたい。

遺された者への信仰の継承

死にゆく者と遺される者。今は生死の境を異にするという現実を生きることになるが、この「死のプロセス」において、私たちの日常の奥にある本質的なことについて考えることになるだろう。遺される者にとっては、死にゆく方の人生を確認しつつ、またその方との関係についても改めて受け取り直していくことになる。そしてまた、遺される者もやがて同じようにその人生を終えていくことになる、その自分自身の人生を改めて考えるのだ。死にゆく方はどのような人生を生きたか。遺された者はどのように生きるのか。そうしたことに深く思いを傾けることになる。

だから、この時にはまた私たちは「信仰」について考えることになる。葬儀においては、死んでゆくその人を神様に委ねつつ、その人に与えられた神様の恵みと導き、その人を通して豊かに与えられたさまざまな神様の働きについて心に留めていく。

葬儀の説教は、ただ死一般について語ったり教えたりするものではない。また、故人をいたずらに賞賛したり、まつりあげたりするものでもない。その人に働いてくださった神様を証しし、また、同じ神様から来る希望、慰めを聞いていくのだ。

そうしたことを考えると、私たちは自分の死に備える時に、神様と共に歩んだ自分の人生をきちんと思い起こし、書き記しておくことがいかに大切かと思う。自分自身にとっても、遺される家族にとっても、そこで分かち合われることは大変意義深いものとなる。一つひとつの出来事、人との出逢いに神様の恵みを見出し、感謝し、祈りがあふれるのだ。あるいは、自分の深い痛みや悲しみ、神様との関係や人との関係においても破れてしまっている自分自身を見出し、取り返しのつかないことについて、改めて神様の赦しが必要なことを受け止めてもらい、受け止めていくべきことを知るだろう。それは、かけがえのない自分の人生を神様の御手のうちに改めて捉え、委ねていくことにつながると思う。

伝えなければならないわけではないが、自分が神様との深い交わりの中で生きたことが次の世代に分かち合えたなら、それぞれの人生の意味が祝福のうちに豊かにされていくことだろう。そこにこそ真実の信仰の継承が起こされるのだ。

私たちは、いずれにしても、生きている間にそのすべてを見渡すことはできない。ましてや、現実の生は問題に満ちていて、人間関係に破れ、信仰も中途半端で、穏やかな死も望めないと絶望に打ちひしがれる。そんな自分の心を抱きかかえているだけかもしれない。人生の最後に私たちはどんな尊厳を保つことができるのだろうか。自分自身には何も確かなものがないことに気づかされるのだ。

だからこそ、私たちの最も深い暗闇、恐れ、不安、絶望の中にキリストが来てくださり、私たちのみすぼらしさや惨めさ、そのすべてを自らのものとして引き受けてくださったのだ。捕らえてくださっているのだ。キリストにある平安は十字架のもとに隠されている。

神様のその御手にすべてを委ね、御国というまことの「ふるさと」で、やがて復活とともにそれらのすべての意味を喜び受け取って、再会の交わりが与えられることを望みうる信仰に養われていたいと思うのだ。

6　牧師にこそ牧師が必要

牧師でありながら教会の現場を離れ、大学・神学校で教える身となった私自身は、今は直接に経験することは少なくなったが、それでも教会の交わり、信仰の交わりの中で死と直面する方々に関わることがある。また、全国の教会で、特に死や葬儀をテーマにしてお話をする機会があり、牧師からも信徒の方々からもご相談を受けたり、お話を伺ったりすることが多くなった。研究会などでは、ホスピスや医療現場などで「死」と向かい合ってこられた方々とお話をさせていただくこともある。こうして改めて「看取りと悼み」のミニストリーの深い意味や実践的な課題を学ぶようになった今だからこそ、私が与えられてきたことを分かち合い、それぞれの現場で働く牧師や教会の働きに少しでもお役に立てていればと願っている。

「死」と真向かうといっても、実際の現場では二種類の「死」の問題に関わることになる。一つは「一人称の死」と呼ばれる。これは、その人本人が自分自身の死を現実に間近なものとしているという状況である。死の恐れや不安はもちろん、生きることの意味、死んだら自分はどうなるのかという問いを持つこと、人生の悔い、遺していく者たちへのさまざまな思いなどがその魂を揺さぶる。その方が何歳であるか、家族の構成や職業、社会的な働きの違い、死がどのようなかたちで迫るか、また実際にどれだけの時間を死に真向かう時として過ごすのか。状況の違いによってさまざまに異なる課題を抱えることになる。

ただ、この「一人称の死」の問題は、なかなか表出されることが少ないかもしれない。本人と「死」について話すことは、多くの場合に「縁起でもない」話として、意識的に避けられてきた。しかしこれは、誰も逃れることのできない問題である。それだけに牧師の果たすべき役割は大きい。どんなタイミングで、どのように語るか。本人の魂の声に耳を傾けることと同時に、時を捉えて語りかける勇気も必要となる。

もう一つ経験される「死」は、「二人称の死」である。つまり、自分にとって「お前」、「あなた」と呼び合えるような相手の死。愛する者を失っていくこと、また失ったことは、自分自身の死の問題よりも相談しやすいということもあるからだろう、実は、現実の牧会の中では、この「二人称の死」の経験に関わることのほうが多いかもしれない。看取りの時間を過ごす家族にも、遺された家族にも、深くて重い痛みが経験されている。自分にとって大事な人を失う経験は、自分の一部を失うことに他ならないし、また時には、その人の生きる意味を根底から揺さぶるような経験ともなる。加えて、その死に際しての悔いや罪責感は魂を深くさいなむ。周りの人たちは次第に忘れていくものだが、「二人称の死」の経験は容易に過ぎ去ることがない。死に関わるミニストリーでは、死んでいく本人への牧会に関心は向けられ、スピリチュアル・ケアについて語られることが多い。しかし、その死を共にし、「二人称の死」として経験する家族や近しい方々へのミニストリーを忘れてはならない。

牧師がこのミニストリーを担うにあたり、初めに一つのことを述べておきたい。それは、こうしたミニストリーは決して個々の牧師が一人で担うことなどできないということだ。牧師自身がこの働きに生きる限り、実はその牧師本人が「二人称の死」の経験をする一人に他ならない。だから、その牧師にもまた牧師が必要なのだ。もちろん、私たちにはいつでも唯一の牧者がおられることは間違いない。けれども、そのキリストのミニストリーは、必ず人を通してもたらされる。それは、牧師本人にとっても同じことである。

今日、教会においても「高齢化」ということがいわれるが、そのことは決して、いわゆる「問題」なのではなく、豊かな祝福のうちに生かされた信徒を与えられている恵みに他ならない。ただ、実際に三〇年前よりもたくさんの方々の看取りや葬儀を経験することになり、牧師は当然深い関わりの中で祈りつつ、多くの方々を主の御許に送ることにもなる。

葬儀が度重なる時、牧師は自分でも気づかないうちに「二人称の死」を経験し、魂に深い痛みを持つことになる。大きな災害、突然の事故、若くしての病などによる死を経験する時には、特に信仰そのものに大きなチャレンジを受けることになる。

私自身、いくつも葬儀が重なったり、また特にまだ四、五〇代の信徒の方を病や事故などで失ったりした時、友人の牧師に泣きながら電話をした憶えがある。牧師には、自分のことを聞いてもらえる牧者が必要だ。一緒に泣き、祈り、御言葉を分かち合える人がいなければならない。教会の中で牧師への牧会をどのように実現できるだろうか。教派を超えても近隣の牧師との交わりや神学校時代の仲間、恩師である牧師が、きっと大きな支えになる。

牧師としてこのミニストリーに召されていればこそ、嘆きの中で導く主の御手を具体的に与えられる必要がある。それがあれば、辛い経験にも、逆に確かな信仰の養いを与えられ、それが牧会に生きるだろう。牧師にこそ牧師が必要とされているのである。

7 「死に備える」ミニストリー

具体的な牧会の現場では、「一人称の死」に関する問題が比較的多いが、表出されることが少なかったとしても、当然のことながら「一人称の死」、すなわち自分自身の死への関心は高い。「どのように死に備えるか」ということは、高齢化に伴う大きな関心事の一つである。

特に、医療のさまざまな恩恵にあずかることが可能になった今日、臓器移植の問題や延命処置について考えるように求められてきている。突然やって来る自分の人生の終わりに際して、必ずしも自らの思いが伝えられるかどうか分からないという不安もある。

そうした自分自身の死の問題への関心は、これまでならなかなか話題にしづらいこともあったが、最近では新聞や雑誌などでも特集が組まれ、「死」や「葬儀」に関係するドラマや映画、小説なども多くなった。お墓のことまで含めて費用の問題が論じられるなど、一般の社会でこれだけ「一人称の死」が取り上げられているのだから、今の時代に必要な、そして教会ならではのやり方で「死に備える」ことも大切なミニストリーである。

尊厳を保って終わりを迎えるために

もちろん私たちは、自分がいつ、どのように死ぬのかということを選べるわけではない。しかし、いつか分からないからこそ、いざという時のために自らの考えを家族には伝えておくとよいようだ。

数年前から、その方法として、「リビング・ウィル」を書くということがいわれるようになった。いたずらに延命処置を行うことで、自分の意思に関係なく死期が引き延ばされ、苦しみが長引き、たくさんの生命維持装置に取り囲まれて臨終に至ることだけがただ待たれる。そんな状況を避けて、人間としての尊厳を保って自分の終わりを迎えたい。「リビング・ウィル」とは、そういう希望についてはっきりとさせておくものである。

具体的には、延命の処置としての人工呼吸器、また最近議論が活発になってきている「胃ろう」をどうするのかという問題や、脳死と診断された場合の臓器提供の意思についても明らかにしておくとよいだろう。

自ら選べないことについては最終的に神様に委ねる以外にはないけれども、選べる事柄については、自らの考えをはっきりしておくことが、その時に直面して判断をしていかなければならない家族の支えにもなる。

生命科学や医療技術の発達に伴い、私たちの「いのちを保つ」ということに絶対的な価値を置けば、いろいろな手立てがあり得るかもしれない。しかし、そうした技術や機器を用いて一分一秒の延命に奔走するということが本当に必要なことなのか、望まれることであるのか。自分自身の事柄としてこの問題に答えていこうとするのが、この「リビング・ウィル」だといえるだろう。

信徒に託されたノート

こうした現代医療の状況に対応するために必要な「自己決定」や「意思表明」は、「死に備える」ということの大切な一面だ。知ってはいても、どうしたらよいか分からないということもあるので、教会でこのことについての理解を深め、実際に書いてみることも必要かもしれない。しかし、そのことだけなら、特に教会でなくても取り組むことができる。

教会における「死に備える」ミニストリーは、人生の大きな締めくくりを備えていくことであろう。

私が神学校を卒業して初めて教会に赴任した時、一人の信徒の方が牧師になったばかりの私を訪ねてきて三冊のノートを渡された。そのノートには、自身の情報、家族や連絡先、また信仰の歩みなどが書かれてあった。家族の中で本人だけがクリスチャンで、自分と教会との関わりについては家族に理解を求めることが難しい状況であること、しかし、自分にもしものことがあった時には、教会で葬儀をする希望があることを述べられ、そのために必要なことがすべて書いてあるといわれた。また、ご自分の持ち物やいくらかの財産をどうするか、お墓についてはどうするかなど、事細かな指示がなされてあったと記憶している。三冊はまったく同じ内容で、一冊は教会に、もう一冊は私個人に持っていてほしいと頼まれた。そして、最後の一冊は自分のところに置いて、家族にもこれを遺すようにする。そして、その教会の連絡先として私の住所や電話番号を記すことに了解を求められた。その時の本人の年齢はまだ六〇代前半で、仕事もされていた。緊急なことというのはいつ訪れるかは分からないけれども、教会員のいざという時に備えるのが牧師の務めなのだと実感させられたことだった。実際には、私が牧師として牧会の務めにある間にはこのノートが役立てられることはなく、次の牧師にこのノートも引き継いだ。

今思うと、これがいわゆる「エンディング・ノート」というものだろう。非常に具体的に自分の人生の締めくくり、「死」ということを想定して、その時には遺された者がどのように対応し、その葬儀を行っていくのか。そのために必要な備えが書かれたものだ。

信仰の歩みを記し、祈る

死に備えるために、必要な情報を確認しながら、それこそ「リビング・ウィル」にあたるような内容も含めて書いていく書き込み式のノートは、一般書店でも手に入る。もしもの時にはどこに連絡をするのか、お寺やお墓の手配のこと、葬儀に関わる準備や希望などをまとめておくようになっている。わずかであるにせよ、預貯金の在処を備忘録としても記しておいたり、法的な意味での「遺言」ほどではなくても、遺していく家族、愛する者たちに伝えたいことなどを書いたりできる。

また、自分の人生を、単なる学歴や職歴といった経歴ではなく、自分の言葉で振り返り、まとめておくことができるような手引きがある。クリスチャンであれば、信仰の経歴、関係の教会や牧師などについても書けると便利だが、そうしたものもキリスト教関係の本屋なら手に入れることができる。

実際に書いてみると分かるのだが、自分自身のことであっても、なかなかすらすらと書き進められるわけではない。一つひとつ、自分で考えながら紙面を埋めるのにはずいぶん時間もかかる。そして、こうした取り組みは、単に「死に備える」というよりも、今生かされている自分を改めて思い起こし、確認することでもある。

特に、信仰ということを改めて考え、自分の人生の歩みの中に信仰がどのように刻まれてきたのかを振り返るよい機会となるだろう。私たちはその時々に神様の大きな導きと守りのうちに生かされていると知るに違いないが、自分の生涯の中に教会との関係や聖書との出逢いがどのように自分を支えてきたか、神様の導きがどんなものであったかを改めて振り返ることで、自らの信仰を確認させられるように思うのだ。この世に生を享け、与えられた家族や友人、社会の交わりの中で自分を自分として生きてきたこと、自分が選び、決断し、引き受けてきた一つひとつのことを思う時、改めて自分をこの人生に召し、生かし、支え、導かれた神様の働きを知るだろう。

人生をいくつかの時期に分けてみて、一つひとつを自分の言葉で物語ると、そこには自然と祈りが重なって生まれてくる。感謝もあるし、神様にだけ聞いていただく深い嘆きも、懺悔も出てくる。だからこそ、具体的には個人の生活の中で書かれることだろうけれども、これを書くということについて教会で学び、信徒一人ひとりへの牧会のミニストリーとして取り組まれることがふさわしい。

こうして書かれる「エンディング・ノート」は、だから、遺していく家族、愛する者たちのために備えとして書くという意味合いがあると同時に、むしろ自分自身のために書くものであるといえよう。いつがその時か分からないけれども、いずれ迎える自分自身の人生の締めくくりのために備えることは、信仰において自分を物語り、主にその物語の完成を委ねることなのだ。そうした「エンディング・ノート」を書く時、単に葬儀のための愛誦聖句や好きな賛美歌を書いておくという以上に、「死に備える」ことの意味を改めて味わうことができるだろう。

家族に分かち合う信仰の姿

私たち日本人は、自分の人生について家族の間でもなかなか話す機会はないし、まして信仰について語ることはほとんどない。クリスチャン・ホームであったとしても、自分たちが神様をどう信じて、何を考え、自分の生き方を作っているのかということが分かち合われることなど希有のことだろう。それとなく見てきた背中や、後ろ姿でかろうじて親の信仰を知るばかりなのだ。だから、葬儀礼拝と告別の時に故人の思い出を話してもらって、初めて自分の親がどんな信仰生活を送ってきたのかを知る家族があることも珍しいことではない。

ある熱心な信徒の方の葬儀で、そのご子息は洗礼は受けていたものの教会にはほとんど来ることがなかったので、家庭での姿とは違った父親の信仰の生を改めて知ることができたと、感慨深げにいわれたことがあった。家では見せないもう一つの顔を眺めるようだと、改めて教会に通う親父の信仰、その思いはいったいどんなことだったのかを聞いてみたかったとも仰った。

「エンディング・ノート」は、自分自身にとって人生の大事な締めくくりを祈りのうちに備えていく取り組みとなるが、遺していく家族に自分の人生と信仰を伝え、知ってもらうためにもよい方法となるだろう。もちろん、「死」ということを間近にしていない時にこそ、普段語られることの少ない信仰を分かち合うことができればなおよい。そうした機会となるように、この「エンディング・ノート」が書かれ、用いられることもあるだろう。そうした展開がこの「死に備える」ミニストリーの広がりを示すといってもよい。

8　死の現実と信仰

いろいろな教会に招かれて「死と葬儀」に関わる講演会をした時、「リビング・ウィル」や「エンディング・ノート」などの取り組み紹介させていただくと、後日、さっそく自分たちでそれを書くワークショップを始めたとお聞きすることがある。特に「エンディング・ノート」については、同名の映画が上映されたり、マスコミで取り上げられたりしたこともあって関心が高い。

ただ実際には、自分の信仰について書くことへの抵抗感があったり、家族にそうしたものを遺すことがかえって重荷になるのではないかと悩まれたりしている方もある。それらはしなければならないものというのではなく、そうした取り組みが、やがて死を迎え、自らの人生を神様に委ねていく備えをする一つの方法だと理解されたい。

「エンディング・ノート」などは、自分の死、「一人称の死」にどう備えるかということに主眼があるといってよい。いざという時に、自分の意思を十分に伝えられるわけではないからこそ、その時のために備えをする。

ただ、死の出来事はいつでも個人の問題であると同時に、共に生きている人々によって経験される「二人称の死」でもある。人間は、いつでも「関係的存在」なのだ。だから、死に備えるということも、実際には本人の問題としてだけではなく、さまざまな関係を生きてきた人々によっても経験されるものとして備えておくことが必要になる。

この世との決別

ルターは、『死への準備についての説教』を書いているが、その説教のいちばん初めに、死は「この世におけるすべての営みからの別離」であるということを述べ、財産を適切に処分しておくようにと勧めている。財産は遺された者にとっての争いの種だからと、非常に現実的な問題をルターは見ている。争いになるほどの財産があるかどうかは別にしても、この世で生きている間に用いてきた衣食住に関わる諸々のものの処分も含めて考えるなら、遺された者が困らないように、ある程度、身のまわりを整理していく必要があるだろう。「死」ということは非常に現実的な側面を持っている。

また、私たちがこの世のさまざまな関わりにおいて生活する中で担ってきた働き、責任は、自分がいなくなる時へと引き継いでいかなければならない。先に紹介した「最上のわざ」という詩の一節には、自分を「この世につなぐくさりを少しずつはずしていくのは、真にえらい仕事」という言葉がある。人生を生きるということが、神様によって与えられた務めを果たしていくことであるなら、その労苦や重荷から解かれて休みに入る「死」を前に、私たちのそれぞれの働きを譲り、止めていくことも必要になる。時に仕事というのは、始めるよりも終えるほうが難しい。そうであればこそ、自分がいなくなるその時に向けて整えることは、人生の中でいちばん大きな仕事になるのかもしれない。

自分自身の身のまわりのことも同じである。同じ詩の一節にはまた、「人のために働くよりも、謙虚に人の世話になり」という言葉もある。老いや病は、私たちの自立した生活自体に大きな変化をもたらすものだ。信仰的な生活を心がけてきた人にとっては、自分が人のために何かをすることこそが喜びであって、誰かの世話になることは恥とさえ思う傾向が強い。けれども、私たちが生まれた時にそうであったように、最期に近づけば、誰かの世話になることもまた必然なのだ。「いのち」とは、そのような他者との関わりの中で営まれるように造られている。そうした理解を皆が共有していなければ、「死」は私たちの現実とかけ離れたところに追いやられてしまうだろう。

和解のために

ルターが先の説教の中で二番目に挙げていることは、霊的な重荷を解くことである。すなわち、私たちはこの世で生きる限り、傷つけられ、傷つけてきた関係がある。それをそのままにせず、互いに赦し、赦されるという和解が必要であると語っているのだ。

実際に、私たちはさまざまな人間関係の中で、関係がもつれ、分かり合えないままになっているということがある。親子、兄弟という近しい関係であればあるほど、その現実はドロドロとしていて、深刻である場合も少なくない。

前述した映画「おくりびと」の主人公は、葬儀社の「納棺」を請け負う仕事、つまり人の「死」に関わる仕事をする。「死」の問題を取り上げつつ、今日の「生」が浮き彫りになる。この映画の一つのテーマはおそらく「和解」にあるといってよいだろう。孤独死、性同一性障害、家業を継がない息子、ガン、離婚など、描かれるのは今日的なテーマだ。その中で、生きている間にはなかなか分かり合うことのできない生、もつれ、壊れてしまった関係が見えてくる。死はそうした関係の破れを固定化するかもしれない。しかし、納棺師の一連の儀式を見守る人々はやがて、死んでいった人間を思い、受け止め、それぞれの心に「和解」が起こっていく。

もちろん、死によってこそもたらされる和解という現実もあるだろう。けれど、本当なら生きているうちに私たちの関係に「和解」がもたらされるなら、死んでいく者にとっても、遺される者にとっても意味深いことに違いない。

私たちはこの世を去るというその現実を前にして、赦し、赦されることが必要なのではあるまいか。ことに死を目の前にする時、信仰を生きる私たちは、キリストによって赦された者として生きてきた人生を思い起こすことになる。その主の赦しにあずかる者ならば、互いに赦し合うように、相手を受け入れ、理解を持つように促されるのである。もちろん、人の間に異なる考えや意見があることは避けられない。ただ、そういう相手をも認め、大切にし合う。そんな「和解」をこの生の締めくくりに持つことに招かれているように思う。

赦しの牧会

私が神学生として初めて実習に行った教会の老牧師が、夏休みになった時、病床訪問に伴ってくれた。教会に大変貢献された年老いた会員の枕元で、ダビデの詩編を読んだ後、「ダビデは神と人とに愛された王であったが、悪いこともした。あなたも立派な会員だったけれど、悪いこともしたね」といわれた。どっきりしたが、牧師は続けて、「でも、ダビデは深く悔い改めて神様に赦されました。キリストの十字架のゆえにあなたも赦され、神様に愛されています。信じますね」と仰った。これが牧師の務めということかと、深く学ばされ、忘れられない出来事となった。教会を長く牧会された牧師だからこそとも思うが、本当に私たちに必要な赦し、和解とは、この私の生を丸ごと神様が赦してくださるという、私と神との間の出来事以外にはない。そして、そのことをこの世にあって確かめさせてもらえるのは、キリストによって委ねられたあの「鍵の権能」に他ならない。

私たちは罪人であるがゆえに、生きている間、さまざまな関係の中で傷つけられもするが、傷つけもする。生きている間に破れた関係を修復できればよいけれど、必ずしもそれはかなわないかもしれない。相手のあることだけに、自分の心にそのつもりがあっても、容易に「和解」に至ることはないかもしれない。

けれども、私たちの一切をお引き受けくださったキリストのゆえに、私たちは赦されるのだ。そして、すべてがキリストの御手にあると信じられる時に、この世でなお私たちのなすべきことへと心が向けられる。だからこそ、牧師の務めとして、その人への「赦し」

の宣言をすることこそ、本当に必要な恵みであると知っておきたい。その宣言が私たちの魂の奥にある悔恨に恵みが届く時だ。私たちにとって新しいいのちの始まりは、この主の恵みの声にあるのだと確認できるだろう。

9　看取ること、看取られること①

愛する者が死に向かっていくその最期の時を共に過ごす。その時を私たちは「看取り」と呼ぶ。けれども私たちには、いつからが看取りであると初めから明確になっているわけではない。むしろ多くの方は、病や老いの現実を背負っていても、明日への希望を持ち、また日々の生を生きるという現実の時を過ごしている。「死に向かっている」ということは、本人にとっても、また家族にとっても、どこかで覚悟しつつも、当面思い描かれるべきことではないのが普通のことだろう。

もちろん、明らかに末期とされる状況の時には、私たちは「看取り、看取られる」ことをはっきりと自覚するだろう。けれども、本当にこれが最期の「時」であるかどうかは、私たちの知る限りではない。牧師がいよいよと思い、「臨終のための祈り」をしたところ、その後一年以上の時が与えられたということもある。いつがその時であるのか、本当のところは誰にも知られないのだ。

こうしたことを考えると、実は私たちはいつでも「生」と「死」の両方の軸の間を揺れ動くようにして自らの実存を生きることになっていると思われる。本当に末期の時であったとしても、その時は、死に向かう「看取り」という性格ばかりではない。むしろ、今を支えられて生きるという現実があり、また、たとえわずかであっても回復の希望を抱いて明日へと生きているものだ。

おそらく、私たちがこの「死と生」の二重性を生きているということが、看取ることと看取られることにおいて最も大切な視点だといってよいかもしれない。

六割台に留まる告知率

本人も自覚してその最後の時間を過ごすという状況は、おそらく病気や体の状態についてかなりはっきりとした診断などが出ている場合といってよいだろう。インフォームド・コンセントが必要な時代だから、本人が自分の状況をよく理解し、治療の選択肢を自己決定しうるように、事実を隠さないのが当然のことと考えられるようになってきている。

しかし、「治療」に向けてという意味であれば、そうした原則が当然とされようが、

「死」に向かっている状況においては、必ずしも「事実」が伝えられないという現実もあるようだ。たとえば、日本における「ガンの告知」だが、ガン治療の進歩もあって告知率も飛躍的に伸びてきたが、それでもいまだに六割台だという。すでに一九七〇年代のうちにほぼ一〇〇パーセント告知されているアメリカに比べて、かなり低い割合に留まっているというのが実情だ。

興味深いのは、最近の調査によると、九五パーセントを超える人が告知を望んでいるということである。私たちのほとんどは、自分の病状についての情報をしっかりと受け取って、残された時間にその生き方を考え、「死」への準備を整えたいと思っているのだ。

このように、ほとんどの人が告知されることを望んでいるのに、いまだに三分の一の方々が告知を受けられていない。その理由は何か。調査によれば、それは医療側ではなく、ひとえに家族が告知に同意しないことによっている。家族が本人に伝えることに非常に大きな抵抗感を持っているのだ。

このことは、実は家族こそがこの「事実」の受容に立ち止まってしまっているということを示している。つまり、「看取られる」本人が「死」と向かい合うばかりではなく、「看取る」家族もまた「二人称の死」を目の前にし、大きな試練の中にあることを表しているといえよう。

「事実」の受容に必要な支え

「事実」を告知することだけが主張されるなら、必ずしも本人のためにならない。それはあまりにも「死」というものを見くびっているのではないか。おそらく家族が恐れるように、「死」の力は瞬く間に本人の生を蝕み、生きる力を奪いかねないのだ。大切なことは、その「事実」を受け止め、最期になるかもしれないその時を生き抜くための「支え」を同時に提供することだろう。そして、その支えを必要としているのは、実は本人だけではなく、共にある家族も同じだということだ。

では、その「事実」を受け止めるための「支え」とは何だろうか。それは第一に、家族や友人などの具体的な人間関係、信頼あるつながりである。直接的な日常の関係の中でこそ、人は生きることへと向けられていく。慰められ、励まされ、自らの生の意味を受け取り、生きることを支えられる。たとえば、幼い子どもが自分を頼りにしていれば、そのために生きようとする。自分の存在を必要とする関係の中でこそ、私たちは今を生きる力を得るものだ。

そして、もう一つの「支え」は宗教的な関わりである。生きるということのいちばんの根っこ、魂の深いところに必要な「支え」がある。私たちの日常の関係を支えている根源的な力に関わっているのだ。

「生と死」の二重性の中に生きる私たちには、「死」によってその有限性が確かになると、日常を支えられなくなる。だから、家族も本人にその「事実」を明らかにすることで日常の関係を壊したくないのだ。それで、その「事実」を隠すことになる。しかし、隠すことが結局はその大切な関係を壊してしまうことにもなるため、そのことがまた家族にとっても、本人にとっても。埋めることのできない痛みとなる。

キリスト教の信仰においては、こうした具体的な「告知」に関わる時にこそ、牧師や信仰の交わりということが求められるといえるだろう。確かな信頼関係を築いて本人に寄り添い、魂の奥にある深い求めに応えていく準備を持っていることが必要なのだ。

信仰は、限りあるいのちを与えてくださった神様から、今日を生きる使命をもいただくのだ。この存在の意味を神様から示されてくるだろう。また、特にキリスト教信仰は、「死」に勝利されたキリストの力とその恵みを知っている。「復活」と「永遠のいのち」への約束を持っているので、最後の最後まで希望を語りうる。単に、「死へと向かう」ことを受容させるということだけではない。希望が示されることが何よりも大きな力になってその人を生かすこととなる。

本人だけでなく家族にも

実際に病床を尋ねる際には、本人だけを尋ねるのではなく、同時に支えを必要としている家族があるということを念頭に置くべきだ。病状の「事実」だけではなく、本人、そして家族が今どう受け止めているかを確認することが必要だろう。そして、本人に寄り添うと共に、家族にも寄り添っていくことが大切である。

勝手な思い込みや配慮の欠いた言動は、本人や家族を傷つけ、信頼を失うことになる。特に日本のように、必ずしも家族がキリスト教について理解があるわけではない時、信仰の事柄を家族にも説明し、理解を得ていく必要もあるだろう。

私には、苦い失敗をした思い出がある。ガンの末期であることを自覚し、自宅療養をしていた会員を訪問した時のことだ。家族の中では、本人だけが信仰を持ち、家族はまったくキリスト教に馴染みがなかった。礼拝に出席できなくなって久しく、私はその方に聖餐をお持ちした。ご本人は大変喜んでその聖餐を受け取られたのだが、帰りがけに家族の方に詰問されたのだ。病状から、すでにあまり食べることもできない状況になっているのに、何を食べさせてくれたのかと。後になって本人からご家族に聖餐の恵みをご説明いただき、葬儀の際、ご家族からも感謝の言葉をいただいたが、至らないことであったことを深く反省し、恥じた。

家族は、愛する者を失うことの恐れや不安に包まれている。宗教的な支えが何をもたらすのかも分からない場合は少なくないし、誤解をされることもある。まず、家族の思いに耳を傾け、牧師の役割を家族にも理解していただくことが必要だろう。

牧師にできるわずかなこと

牧師は何ができるだろうか。奇跡的な癒しができるわけでもないし、願いどおりかなえられる祈りができるのでもない。また、適切な聖書の言葉でたちまちに問題解決を示すことができるわけでもない。牧師は、無力さをそのままにそこに立ち尽くす自分を知らされるだろう。

もちろん、病床での礼拝も祈禱も、牧師が心を尽くして準備をもって届けるものがある。

キリストの福音、主の救いの約束の言葉が示されるように牧師は努めなければならない。主によって与えられる平安を分かち合う。キリストが中心となる私たち信仰の交わりを確認する。何よりも、「今、ここ」にキリストが共にいてくださることを示していく。

けれども、牧師、あるいは、そこに尋ねる信仰者が何ごとかをするというのではおそらくないのだ。むしろ、その本人を生かしてきた信仰がそこでもまた働くことを牧師は教えられるだけのように思われる。つまり、何よりも聖霊ご自身がその方に、またそこにいる者たちに働いてくださるのだ。

病床を尋ねる時、その恵みに共にあずかろう。あふれてくる涙も深い息も、慰め主がそこでとりなし、導いてくださっている出来事に他ならない。牧師ができることは、そこにすでに働いておられる神様を共に確認するということなのではないかと思う。

10　看取ること、看取られること②

「死にゆく時間」

今日、私たちは、いのちを助け、支えるさまざまな医療の恩恵に浴しているが、同時に、私たちの「死にゆく」ことにおいても、かつてとはまったく異なる経験をすることになった。それは、確かにいのちが保たれることでありつつ、同時に、簡単には死ねないということでもある。

「いたずらな延命の処置を望まない」という思いを本人も家族も確認していたとしても、実際に医療的処置をして一分一秒でも共に生きていたいと願うのもまた当然のこと。その願いを助ける行為か、単なる延命かの判断は難しい。

というよりも、時間の経過の中で状況は刻々と変化するのであって、あらかじめどうなるかをすべて予見して、一つひとつの医療行為について「するか、しないか」を決めることは簡単ではない。そして、たとえ積極的な延命を行わないとしても、呼吸や水分・栄養の補給ということにごくわずかなサポートが得られさえすれば、かつては考えることもできなかったほどの長い「死にゆく時間」が与えられることになる。

ある意味では、この世に生を享けてから、私たちは皆、この「死にゆく時間」を生きているのだろうし、特に「老い」と向かい合うことにおいて、誰もがその重い現実を負っているともいえよう。けれども、とりわけ「覚悟」の必要な時間がある。看取る者も看取られる者も、どこまでその「覚悟」を共有できるのかは分からないが、だからこそ、また特別な「死にゆく時間」の緊張を過ごすことになる。

「共に生きる」ために

看取る者にとってこの緊張は、いずれやって来る「別れ」に先だっていうべきことがあるように思いつつ、それを口にすることのためらいを見つめる時間でもある。医療的な行為はもはや重ねられないし、意識のレベルも下がってくると、看取る者は何をしたらいいのか分からず、無為に時間を過ごす不安を感じるのかもしれない。けれども、傍らに寄り添って「共に生きる」ことだけでも、そこに伝わるものがあると信じたい。

現代ホスピスの祖ともいわれるシシリー・ソンダース女史は、何かをすることよりも、共にいること（not doing, but being）が、死に直面している人に最も必要な助けであり、支えだという。その共にあることを、手を握ることや体をさすることなどで表すこともあるだろう。そうして、私たちが「共に生きる」ものであることをまず確認することは大切なことだ。そして、お互いの存在を確認し合いながら、今いちばん苦しい時間であっても「共に生きている」こと、そして、これまで「共に生きてきた」ことを確かに喜び、感謝する思いを分かち合えるとよいように思う。

「ありがとう」は言葉にしたい。しかし、たとえ言葉にできずとも、看取る者はそうした思いを持って、死にゆく愛する者の呼吸、その一つひとつの声や言葉に耳を傾けつつ、「共に生き」ている相手を確かめることで、この「時間」は、神様に与えられた大切な時として満たされていくに違いない。

思い出を口にすることでもいい。何か夢を語れるのであれば、それもいい。私たちに待っているのは、ただの「別れ」ではなく、たとえ生死の境を異にすることになろうとも、神様から出逢いを与えられたその大切な人を、心と魂のうちに「共に生きていく」ことができるという恵みでもある。

死にゆく者にとって、そういう「あなた」がいてくれること、いてくれたことがどれほど大きな力であり、慰めだろうか。

「ユーモア」の心

看取られる者は、次第に近づくその時を覚悟しても、その深い思いを伝えられないかもしれない。アルフォンス・デーケン神父は、死を見つめる時にこそ、あえて「笑う」ユーモアが必要だという。ユーモアには、重たい現実から自分を離れさせる力があり、また笑いは何よりも人々に対する優しさと神の愛への信頼を表すことにもなる。

まだ、話すことができるならば、死んだ後のことや天国の様子を想像することで、そうしたユーモアは生まれる。お互いの間に深い信頼を確認しつつ、こうしたユーモアを働かせてこそ分かり合えることもある。

デーケン神父をある講演会の講師としてお招きした時、「天国とはどんなところでしょうか」という質問があった。それに対して神父は、「この世の中でいちばん幸せだった時のことを思い出してください。天国はそれ以上の幸せをあなたに与えるのです」といわれた。そこには二つの配慮が込められていたように思う。幸せを感じる時や場所は一人ひとり異なるだろうが、その人なりの「幸せ」から、天国の祝福、確かな神様の祝福を思うことができるということ。もう一つは、こうして思い出をたぐることは、人生を振り返ることであり、辛いことも経験してきたに違いないが、むしろ幸せを思い起こすことで、きっと神様の恵みを思い起こすことができるだろう。そうして、その幸せをさらに大きくする想像力は、死の重苦しさを神の恵みのうちに解消することになるというのである。

「死」を見つめる時間を、その恐ろしい現実に思いを向けるのではなく、すでにキリストの十字架と復活によって克服されたところから語ることで、私たちのいのちが永遠へと結ばれている信頼を表すことができるだろう。自分たちに与えられた神様の恵みに信頼して、この「死にゆく時間」を過ごすことができれば、これに勝る恵みはない。

「死」の見えにくさ

現代は「死にゆく時間」が長くなったということと同時に、「死」が見えにくくなったともいわれる。

たとえば、「脳死」。正式な判定を受けなくとも、「脳死状態」に至ったといわれると、ベッドに横たわっているのは愛する「その人」なのか、それとも単なる「生かされた身体」であり、「亡骸」ということになるのかという問いの中に私たちは置かれることになる。これが、死の見えにくさといわれるところだ。

あるいは、意識の戻らないままの重篤な状態、さらにはアルツハイマーや重い認知症がアイデンティティや人格を失わせていくということも起こる。実は、私の母がまさにそうなのだが、こぼれていく記憶の端々がつなげられるうちはまだいい。もはやすっかり忘れてしまっていることを知ると、愛する「その人」はすでにいないのだと気づかされる瞬間が来る。「死」の様相の複雑さだ。

それでも、その人は亡くなっているわけではない。不透明な、分かりにくいと思わされる「死」の現実の中で、私たちは「死にゆく時間」を共に過ごし、看取り・看取られる関係を生きている。「それでも生きている」ということの切なさと、その人の「尊厳」への問いを皆が抱きしめる。

私たちは自分自身の存在の弱さ、はかなさを思わされずにはいられない。私たちは、あれこれと自らの尊厳ある逝き方ということを考える。しかし実際には、望むような意味での尊厳とはどのような姿のことだろう。また、望んでも自分で決められるものでもない。そうであればこそ、私たちはあの十字架の主のみすぼらしさの中に神の栄光が隠されていたことを思い起こしたい。

また、その人がその人として生きるいのちの確かさは、私たち自身の記憶やアイデンティティのうちにあるのではなく、ただ「その人」を造り、「その人」の名を呼び、「その人」を憶えてくださる主の御心のうちにこそあることを信じたい。

「死」の見えにくさに疑心暗鬼になったり、おびえたりするよりも、ただひたすら主にある「いのち」の確かさにこそ信頼を置くことが必要と思う。

「病床洗礼」か「葬儀」か

一〇年ほど前、あるアメリカ人牧師と病床洗礼について話をしたことがある。その時、洗礼を希望しつつもその機会を得ないままで「脳死」状態に至った場合、洗礼を施すかどうかという話題になった。私が問おうと思ったのは、洗礼を受ける時、その意思も信仰の告白も本人に直接確認できない状態でも、家族の同意によって洗礼が可能かということであった。ところが彼は、「脳死状態ならば、死者に洗礼を施せない。必要なことは葬儀である」という。病床洗礼の話から、いきなり葬儀といわれて驚きもしたが、「脳死が死」であることが明瞭なアメリカではそういうことになるのかと、改めて文化の違いを考えさせられた。

実際、欧米の医療従事者の八〇パーセントを超える人たちが、「脳死」を妥当な死の判定と考えるのに対して、日本の医療従事者は「そう思わない」「分からない」という回答を合わせて六〇パーセントを超える人がその妥当性を認めていない現状がある。

「死」という現実を捉える時に、医学という科学的・客観的な世界では割り切れない問題があることを私たちは知っておく必要がある。いずれ、脳死状態での洗礼ということをどう考えるのか、神学的な見解を明らかにすることも必要かもしれない。

しかし、洗礼であろうと、葬儀であろうと、ただ神様の恵みに信頼して、その御手に死といのちのすべてを委ねつつ、遺された者たちが神様の確かな慰めと希望を受け取れるように、御言葉の働きを分かち合うことが何よりも必要なのだと思う。

11 「突然の死」に直面して①

人がその生涯を終える時に、いつでも「看取り、看取られる」という時間が与えられるわけではない。その時間が長くても、それゆえの苦しみがあるのだが、その時間が少しも与えられないことは、私たちには非常に大きな衝撃をもたらす経験となる。事故や災害、病気、また自死というようなかたちで、一人の人のいのちが思いがけなく、あっという間に奪われる。誰も予想だにせず、また何の備えもないところで、愛する者、親しい交わりにあった人を失うことが起こるのだ。

そうした「突然の死」に出遭うことは、遺された者に、生活の中における大きな変化をもたらすだけではなく、心理的・精神的にも強い反応を残す。悲しみ、寂しさ、怒り、自責の念。それに加えて、実はその出来事は、ことのほか信仰的な大きな試練として私たちの中に巣食い、それが私たちを苦しめることもある。だからこそ、私たちはこうした時、自分の心と魂に、特別に主の恵みと御手の働きを受けていく必要がある。

衝撃の中で

愛する者の「突然の死」。この現実に出遭う時、大きな衝撃の中で私たちには激しい心の反応が生じてくる。「人違いではないのか」とか、「すべてが夢で、目が覚めると何ごともなく今までどおりの世界があるに違いない」とか、およそ事態を受け止められないままに、ただ否定したいという思いだけが支配的となる。事実を受け止めることができないのだ。

どんなにそれが確からしいということが明らかになってきても、何か奇跡的なことが本人を助けてくれるなど、わずかな可能性に一縷の望みを見出そうとする。およそ、信仰などということに自覚的になれない只中で、すがるように、祈りにもならない思いがほとばしる。とにかく、まず認められない。何かの間違いとしか思いようがない。頭のどこかで冷静に受け止めているかのようであっても、愛する者の死を前にして、私たちの心は複雑に揺れ動く。

別のところでも触れたが、キューブラー・ロスは「死の受容」のプロセスとして、否認、怒り、取引、抑うつ、受容という五段階を示した。この「死の受容」のプロセスは、一人称の死、つまり自分の死に関してのものだが、しかし、二人称の死、つまり愛する者の死の現実を受け取っていくそのプロセスにも同様に、そしてむしろより鮮明に表れるように思う。もちろん、こうした五段階を皆がたどるわけでもないし、行きつ戻りつする経過が実際のありようだ。そして、誰もが必ず同じように「受容する」という前提には疑問もある。けれども、激しい感情は、愛する者の「死」という衝撃の中で、当然の反応であることは確かだ。

だから、周りの者は、一つひとつの反応に振り回されることはない。激しい心の動きにのために、時に空想めいたことを語り出すかもしれないし、怒りに任せて誰かを責めたりするかもしれない。しかし、そうした反応にいちいち理屈をもって応えることが大切なのではない。あるいは、冷静な立場で事柄を検証したり、思い違いを説得したりしたくなるだろう。けれども、その感情の発露は、何か論証を求めているわけではないのだ。ましてや、さまざまな反応に対し、「あなたは今、ショックの中にいて、こういう段階にある」などと観察し、診断するようなことは、牧会にはふさわしくない。そうした眼差しや対応は、その悲しみの中にある人から離れていくことにしかならないからだ。

今、そこにあるのは、愛する者を突然に失うという出来事に向かい合っている人の格闘の姿だ。だから、むしろその心の動きに寄り添い、見守っていくことが何より大切なのである。キリストが深い憐れみを持ってそこにいてくださることをまず信じて、その主の眼差しのうちにこそ関わりの原点を見ていきたい。

怒りと問い

激しい心の揺れの中に、「怒り」の感情がある。事件や事故なら、その現場での責任の所在に対して厳しく向けられる怒りがあるのは当然だろう。しかし、そうした責任問題は別にして、どうにもならない「死」という出来事そのものがこの怒りの感情を引き起こす。特に災害や自死などの場合には、持っていきようのない怒りが爆発するのだ。

こうした感情は無理に抑え込まないほうがいいだろう。悲しみを悲しみとして自分のうちに深く受け止めていく過程にあって、それは避けられないものだからだ。「なぜ」という問いとともに激しい気持ちをあふれさせることによって、その「なぜ」に対して決して納得のいく答えがないことも、それでも問わずにはいられない自分自身も、ありのままに胸に抱けるようになる。

ただ、そうした反応はとりあえず、それを噴き出すことのできる場所を求めるものだ。怒りの対象を求めている。だから、牧師は時として、家族のその感情を正面にして立たなければならないことがある。

私自身が経験した「事故死」の例がある。家族の中ではその人だけがクリスチャンで、教会に熱心に通い、さまざまな役割と奉仕を担ってくださっていた。そんな父親を誇りに思っていた一人娘のお嬢さんの心は、この事実をどうしても受け止め切れなかったのだろう。牧師の私が駆けつけ、初めてお会いした時の彼女の厳しい眼差しを忘れることはない。「どうして神様は助けてくださらなかったのですか」。言葉にはならなかったが、そのまっすぐな瞳の奥に、私に対して詰問する思いが映っていた。

この問いは、誰もが思いつつ、しかし、あまり表立っては表現されないものかもしれない。表現しないことを信仰深いことと思い違いしているのか。けれども私たちは、心の奥に拭い切れないものとして、必ずや、そうした問いを抱かずにはいられない。そして、子どものように素直な心は、まっすぐにそうした問いを投げかけてくる場合がある。その相手には牧師が選ばれる。怒りと共に「どうして神様は」と問われる。あるいは、何かの理由を見つけて、怒りの感情をぶつけられることもある。

その時、聖書を持ち出して神様の摂理とか救いの約束などを語って取り繕ったり、説き伏せたりすることは、あまり意味がない。牧師はむしろ、その怒りの前にしっかりと立つことが大切なのだ。思いを受け止めること、そして共に問いつつ、人間の無力さをまた牧師自らが表して立つことも必要なのだと思う。

事実と向かい合う

もう一つ、「突然の死」という出来事の中で大切なことがある。それは、事故であれ、病気であれ、どういう出来事であったかについて、なるべく正確な情報を共有することだ。いつ、どこで、どういう状況で、何があったのか。できるならば、遺体も確認するほうがよい。たとえ悲惨な状況で、家族にはあまりに辛いことと思われたとしても、しっかりとその事実を確認することは、「死」を受け止めるためには必要な一つのプロセスだ。

それればかりでなく、現実を確認しないなら、悲惨さを想像し続けることになる。想像は、現実よりも必要以上に大きくその凄惨な様子を心の内に思い描かせ、遺された者の心を苦しめる。つまり、現実を見つめることは、後に心に大きな負担になることがないようにする効果もあるのだ。また、確認しないままだと、なぜ自分はそのことを確認しなかったのかと、その亡くなった本人のいちばん辛い現実に寄り添えなかった自分を悔やむことにもなりかねない。

だから、事実は事実として、ありのままに見つめることを支えたい。それは、この「死」を確かな出来事として、辛くとも受け止めていくために欠かせないことだ。ただ、その場合にも、その事実の只中にキリストが共にいてくださったことを、御言葉によって信じ、共に寄り添うことが必要となるだろう。悲惨な現実だけを見るのではなく、キリストの十字架を通して見る信仰に支えられたい。

寄り添う祈り

「突然の死」に出遭うということは、誰もそのことに準備がないということだ。繰り返すようだが、その事実を受け取っていくには、それなりの時間が必要となる。そして、その時間は決して一定のものではない。第三者には客観的な事実であっても、愛する者を失う「二人称の死」を経験する者には、長い死にゆくプロセスがある。だから、その心に寄り添う時には、祈りの言葉も、そのプロセスの中でゆっくりと祈られていくことが大切だろう。

たとえば、死の確実な事態に向き合って、牧師は早々に、死者を神に委ねる祈りの言葉を持つかもしれない。けれども家族は、まだ委ねるどころか、事実を受け止められないところに留まっている場合もある。もちろんそれでも、いつかは事実を受け止められるよう牧師が家族の心を整えていくこともあり得るし、祈りの言葉がその役割を果たすこともある。ただ、その心のプロセスに十分な配慮と寄り添う感性が求められる。

誰にとっても、その祈りが自分のものだと思えるような祈りを祈ることは至難の業だ。しかし、そうであれば、まず、傷つき、弱り、事実の前にくずおれている者のうめきをとりなしてくださる聖霊の働きを求め、その方の心に寄り添う祈りの言葉を紡いでいくことを心がけたい。

12 「突然の死」に直面して②

自責の念

　事故や災害などでの突然の死は、遺された者の心に強い自責の念を抱かせる場合がある。それは、大きなショックの中で示される怒りの感情が、持っていき場がなくて自分に向けられるということなのかもしれない。客観的な理屈や根拠ではなく、他人から見れば論理的な結びつきはほとんどなくとも、災害や事故に巻き込まれた何かの理由・責任を自らの言動と結びつけて考えてしまうのだ。

　たとえば、大きな事故に巻き込まれて父親を失った息子が、「いつもはしないのに、その日に限って玄関で『いってらっしゃい』と挨拶を交わしたことが、父を事故に巻き込ませ、帰らぬ人にしてしまったのではないか」というような思いを持つことがある。

いつもとは違う所作、食事、会話など、些細なことが「別れ」の準備になってしまったと自らを責めるのは理屈ではない。「縁起をかつぐ」という言葉があるように、いいことにも悪いことにも、何かしらの結びつきを思うのが日本人ということでもあろうか。

子どものように純真な性格の人や、信仰に篤く真面目な人が、とりわけ因果応報的な観念から、自分が正しくなかったこと、間違ったことをしたから罰や報いが与えられたと考えることも、こうした自責の念につながる。たとえば、些細な喧嘩や口論で姉が弟に向かって抱いた小さな怒りの感情が、「あんたなんか、いなければいいのに」という言葉として心に浮かぶこともあろう。どこにでもある兄弟喧嘩なのだけれども、偶然にもその後、弟が急に病死したということが起これば、あの自分の思ったことが、本当に弟の突然の死に結びついてしまったと思い込む場合もある。

あるいは、もっと具体的に、「あの時、旅行をやめるようにいっておけば、こんな事故に遭わなかったのに」とか、「自分が一緒にいれば、なんとか助けられたかもしれない」、「もっと早く気づいて病院に連れて行っていれば」などの後悔がわき上がってくるということもあろう。

死という出来事は、いのちと存在の深い神秘に触れる出来事なだけに、日常的な考えや理屈で整理することのできない混乱を私たちのうちにもたらすこともあろう。突然の死は、私たちには不条理なもの、納得のいかないものであるから、「なぜ」「どうして」という思いも当然ある。しかし、同時に、遺された者は自らの有り様についての深い内省に導かれ、罪の意識に捕らえられ、「私が悪かったのだ」と自分を責めるということも少なくない。

こうした罪責感は、理屈で簡単に解かれるものではないかもしれない。そして、そうした感情の中で、実は本人と遺された者とのかけがえのないつながりを確認しているということもあろう。無理矢理に自責の念を抱くことを否定したり、押さえつけたりするのではなく、しっかり聞き、受け止めることが大切だ。

あまりに強くその思いに捕らえられていて介入が必要な時には、愛する者の死の原因は「あなたにあるのではない」、「あなたのせいではない」と、主のみ声を繰り返しはっきりと聞き、伝えることと、しかるべき専門的な対応も必要かもしれない。牧師や信仰者は、まず私たちのいのちのすべてを司る神を仰ぎつつ、遺された者のその重い心を受け取って、共に祈ろう。

土の塵に返るまで

事故や災害においては、遺体の発見に時間がかかったり、遺体のすべてや一部が発見されなかったりすることもある。遺族にとっては、遺体が発見されない限り、その方がどこかで助かってくれているのではないかという一縷の望みをつなぐものとなる。その意味でいうと、遺体は見出されないほうがよいと思われることとだろう。

けれども、もう一方で、いつまでも遺体が見出されないなら、葬りもできず、死者の平安が心配される。死者は、見出されない遺体として、死に切れず、寂しさや孤独を味わい続けていると思えてくる。だから、早く見つけてあげたい。このアンビバレントな感情の中、遺体の捜索や確認に追われることは、遺族にとっては大きな負担でもある。

キリスト教的にいえば、遺体はすでに亡骸であって、その人の死の確かさを確認すること以上には、遺体に特別な意味を持たせることはしない。土の塵で形作られた（創世記二・七）ものだから、塵に返るものなのである。復活の信仰があるから遺体の火葬はしないと考えられた時代もないわけではないが、実際には、復活が墓からの遺体の再生とは考えないし、ましてや遺体がなければ復活はないなどということはない。だから、キリスト教の信仰からは、遺体に対する特別な執着は生まれない。亡くなった方は、その時点ですでに神のもとにあるのだ。

ならば、私たちの遺体へのこだわりはあまり信仰的ではないということになるのだろうか。しかし、遺体に対する気持ちは、必ずしも簡単に否定すべきことではない。なぜなら、前にも書いたように、私たちにとって死の出来事は、どこかの一点で見られるべきではなく、次第に亡くなるという経過をたどっていくと考えられるからである。亡くなったといっても、まだその遺体は単なる亡骸としての物体ではなく、その人がその体をもって働き、その体をもって喜び、その体で苦しみ、そして、その体を通して交わりを持ち、私たちにとってのその人として生きてきたところの体であるのだ。

キリスト者が体の復活という信仰を持っているのは、まさにそういう意味で、「この体を持っている私」という存在こそが私であるとしているからだといってよいだろう。だからこそ、亡くなったすぐ後の遺体には特別な配慮が必要だ。

ことに突然の死であれば、次第に死んでいくという時間を死ぬ前に持つことができなかったということだ。だからこそ、死んだ後の時間において、死者はゆっくりとその死へのプロセスを、遺された者と共になお生きているといってもいいのかもしれない。おかしない方だが、死者が死んでいくその時間をなお生きているのだ。

できうる限り、遺体のすべてが発見されるように努めて葬ることにこだわったり、また見出された遺体の一部から体全体を復元したりすることは、遺された者がその人の生と死の現実とをしっかりと確認していくために大きな助けになる。東日本大震災と津波という災害の中でも、そうした取り組みによって、多くの人々が慰められたという。

また、見出されないままその死の現実を受け取らざるを得ないということもあろう。けれども、私たちの主は、一匹の羊がいなくなれば、他の九九匹の羊を置いてでも、見出すまで探しに行かれるお方なのだ（マタイ一八・一二）。「わたしはあなたがたを捨てて孤児とはしない」（ヨハネ一四・一八）と約束し、「世の終わりまで、いつもあなたがたと共にいる」（マタイ二八・二〇）といってくださったお方だ。だからこそ、今、私たちが見出せなくても、主は確かにその人のもとに駆け寄り、御手のうちに抱き取っていてくださると信じたい。そうして、その人の生を丸ごと主の御手に委ねていく。

突然の死であればこそ、時を惜しまずに、その体が塵に返るまで主の御手のうちに守られていることに信頼を寄せ、そのことを少しでも具体的に表して、大切にしていく。それが遺族への大きな慰めになる。

傷を負っても

突然の死は、何の心の備えもなく、ずっと続くと思われていた日常が突然断ち切られるために、遺された者には大きな衝撃で、深い心の傷を残す。もちろん、亡くなった方の年齢や、家族の中での関係、実際の死の状況、社会的な働きや役割のあり方、またその死をめぐってどういう環境のもとに置かれるかなど、さまざまな要因によって、その突然の死のもたらす傷の大きさや深さには違いがあるだろう。牧師は、亡くなった一人の人の「死」という一点のみではなく、実際に遺された者たちがどういう問題の中にあるのかということに心を置いて見守るべきだ。

特に、遺された者にとって必要なことは、単にその悲しみの癒されることだけではない。むしろ、その大切な人を失ったことで、自らの人生を生きていくその歩みがまったく変えられてしまうということなのだ。当面の生活の状況、家族の中での役割、将来に向けて描かれていた夢や希望、具体的な計画もみな突然に変わってしまう。だから、遺された者は、悲しみの傷を負いつつ、またある意味で自らの人生を失い、そしてそれを再構成していく必要に迫られている。

もちろん、人間のなし得る支援には限界がある。一人ひとりが自ら悲しみを乗り越えて、自分の新しい生き方を手にしていかなければならないのだ。しかし、悲しみや寂しさ、不安や恐れ、悔しさと怒りなど、心のありのままを開き、またゆっくりと閉じていくためには、必要な時間と相手が求められる。誰かがいてくれることで、その癒しがまだ完全でなくても、新しい一歩を踏み出せる。人は生きるように神によって造られ、呼び出されているのだから。

そして、そのために必要な助けのために、主はあらゆる手立てを用意してくださるに違いない。一人ひとりの信仰と、信仰の交わりの必要と恵み、そしてその中でなすべき務めを受け止めていたい。

13　臨終の時と祈り

　愛する者の「いのち」の終わり時は、思いもかけずあっけないように感じられるかもしれない。諸連絡や葬儀の準備に慌ただしく忙しいけれども、それらはみな必ず一つひとつ過ぎ去っていき、着実に終わっていくことどもなのだ。それでいて、看取り、見送る者の心の中では、何一つ終わってはいかない。愛する者がいないという実感が伴わない。聞きたかったこともあるし、いいたかったこともあるように思う。いや、それがもはやかなわないことになったということがまだ分からない。そんな時間を過ごしている。

　それでも、一連の祈りと葬儀が行われていくその時々に、確かに一人の「いのち」の終わりを受け取っていくことになる。つまり、遺された者たちは、愛する者の確かな死の現実を受容していくための、その過程を生きなければならないのだ。愛する者の死は、遺された者にとって本当に大きな喪失の経験であり、それは愛する者と共に自分自身が失われてしまうほどの体験でもある。

それだけに、私たちは「神との関係」の中でこの時を過ごすべきなのではないかと思う。近年は「葬式不要論」が叫ばれ、病院から火葬場へと直接に向かう直葬などが実践的にも広まっていると聞く。しかし、葬儀は何よりも、愛する者との別れの時を持つという、遺された者たちにとっての問題でもあることを忘れてはならない。死者を死者とし、しばらくの時を経て遺された者をまたこの地上での生活へと再統合させていかなければならない。そのためには、具体的な「葬」を執り行う必要がある。

ここからは、具体的に一人の愛する者の死を受容しつつ葬りを行っていく、その「悼み」のミニストリーに焦点を当ててみたい。

クロノスとカイロス

よくいわれることではあるが、新約聖書の中には「時間」や「時」を表す二つのギリシャ語、「クロノス」と「カイロス」という言葉がある。クロノスは物理的な時間、刻まれる時を表すのに対し、カイロスはチャンス、つまり好機、機会としての「時」を表す。流れゆく時間としてのクロノスと、その一瞬の「時」が特別な意味や価値を持ってくるようなカイロス。特にもカイロスは「神様との関係」を開くような意味を示すものだ。

一人の人の「死の過程」は、連続した時間（クロノス）の経過をたどるが、その時々において、本人にとっても、そして周囲の者にとっても特別な意味を持つカイロスがあるといえるだろう。いや、逆にいえば、私たちが忙しい時間の経過の中でやり過ごしかねない大切な「時」、確かなカイロスを受け取っていくことが必要なのではないだろうか。「祈り」はまさに、その場所に神の臨在を受け取り、時間的な私たちの存在すべてを神との関係のうちに見出すことである。「祈り」を持つことで、その一人の人の人生のクロノスの只中に、カイロスと呼ばれる「時」が開かれる。

だからこそ、愛する人の人生の終わりの時に、その人自身を主に委ね、そしてまた共に生きてきたことも主に託して、遺される者たちは祈りつつ過ごす。一つひとつの「祈り」は、神の賜物。そこで私たちが確かに神との関係の中にあることが示される。臨終、納棺、葬儀前夜、葬儀、出棺、火葬前、火葬後、納骨、周期記念など、一連の葬りに関わる儀式がこのように祈りによって執り行われることで、私たちが神によって、神の御手のうちに生かされている「いのち」であることの深い意味について知らされていくことになるのだと思う。

神が共におられる

人生の終わり、いのちの終焉。いよいよその時が近づくと、顎呼吸とも呼ばれるように、本当に呼吸が浅くなっていく。そして、次第に肺に送り込まれるその息の量が減ってきて、深い息を交えながらも、やがてその息が途切れがちになり、ゆっくりと静かにその繰り返しを終えていく。

旧約聖書のヘブル語では、人間の「いのち」、あるいは「魂」を「ネフェシュ」という言葉で表す。この言葉はもともと「喉」を意味する。ネフェシュは息の通り道なのだ。生きるということ、私たちの存在は、この息をしているという極めて当たり前の営みによって確認される。その当たり前の営みを繰り返す「体」という存在に改めて気づかされる。強いものだと感心させられ、弱いものだと愛しくもなる。

死ぬことを「息を引き取る」という。創世記二章にあるように、神の息吹が吹き入れられ、「人はこうして生きる者」とされたのである。生かされた人のその「いのち」は、この臨終の床において、まさに神がこの息を引き取られる出来事として体験される。「臨終」と呼ばれるその神の出来事としての時は、カイロスの開かれる時なのだ。だから祈る。いや、その「息」の往き来こそが神とその人との深いつながりであって、すでにそこに祈りが交わされているようでさえある。

だから、この臨終の時、誰かが傍らで言葉に出して祈らずとも、神ご自身が働いておられると知りたい。「いのち」の終わりのその時は、決して一人ではないのである。ルターがいうように、死は確かにその人だけのものであるが、死んでいく者は決して孤独ではない。キリストが共にあり、キリストによってすべての聖徒たちが共にいる。

誰かがそのベッドサイドにいることができたなら、言葉にできなくとも、神にすべてを委ねる祈りを、その息の往き来を思いながら祈ろう。呼吸が静かに繰り返されることがなくなった時、神がその人を確かに引き取られたことへ祈りを重ねよう。

遺された者にとって、それに納得がいこうがいくまいが、この「終わり」の確かさは、神とその本人との「カイロス」なのだ。共に生きてきた遺された者たちは、静かにこのカイロスを心に留める。

もし牧師が同席できれば、確かな祈りの言葉によって、集う者たちがこの「カイロス」を共有し、確認できるようにする。時間的にずれがあったとしても、牧師の祈りの言葉は、キリストと教会が今そこに共にあることを明らかに示すだろう。神に開かれるカイロスは、具体的にこの祈りの集いの中に確認されることなのだと思う。

主に委ねていく

今は病院で最期を迎えることが多く、家族や牧師がいよいよの時にいつも側にいられるとは限らない。私の父の時も、完全看護のＩＣＵに入っていたので、病院の待合室に残ることも許されなかったから、面会はできたけれども、夜通し側にいるということはかなわなかった。もう心肺停止という状況で、人工呼吸器の管を抜くという時になってから呼び出され、病室に入れてもらうことになった。だから、それより以前の限られた面会の時間にはできる限り言葉をかけ、祈り、その時に備えて、神様がいてくださることの信仰を分かち合った。

現実は、思い描くような理想的な「別れの時」を可能にはしないものだ。だから、許されているわずかなチャンスを用いて、言葉をもって伝えておきたいことを繰り返し語り、また神の恵みを示し続けるように勧めたい。家族はもちろん、牧師の関わりということでも同様だ。「まだいい」、「もう少ししたら」と先に延ばさずに、機会を持つ。なすべきことは、繰り返されても構わない。そうできなかったことよりも、そうできたということが、きっと後から、遺された者の誰にとっても慰めとなるに違いない。

ただ、それさえもできなかったという思いが残る場合もあるだろう。いや、実際はそんな思いばかりが残されるものなのだ。だからこそ、私たちはキリストのとりなしの中で、祈りを持つ。私たちの手ではなし得なかったこと、私たちの口では伝え切れなかったことを、主のとりなしによって満たしていただくことを信じたい。地上では決して完成しない私たちの人生を完成してくださる神様の御手に委ねていくのだ。そのために祈りと葬儀が行われていくのである。

具体的な備えのために

一連の葬儀式は、この「臨終」の時から準備が始められる。死亡診断書を書いてもらい、葬儀社の手配をし、役所に届け、葬儀の場所や日程を決めて、親戚や友人関係に連絡する。亡くなった方が葬儀までの時をどこで過ごすか。納棺はどこで行うか。こうした実務的なことについても、牧師はしっかりと確認しながら進めていかなければならない。ご家族はほとんどの場合、こうしたことに慣れていない。愛する者を失った悲しみに加えて、何をどうしていいのかということで不安に満ちている。だからまず、葬儀が行われていく一切のことについて、牧師も共になってその見通しを確認していくことが必要だ。ご家族が少しでも安心して、悲しむことや悼むことができるように整えなければならない。

もちろん、牧師は葬儀社ではない。何よりもこの葬儀の一つひとつの祈りの中で、主の臨在を示し、一人の「いのち」の終わりが神様の御手にあることを示したい。そして、遺された者に御言葉をもって慰めと力が与えられるように整えたいものだ。

14　地上での最後の交わり

牧師であっても、臨終に立ち会うということは滅多にないことかもしれない。病院などでいよいよという時には、「その時」に備えて家族がまず呼ばれ、見守った後に、牧師へと連絡がなされることが多い。クリスチャン・ホームでない限り、家族の特別な絆の中に牧師が招かれることは難しいかもしれない。だから、牧師が駆けつけた時には、多くの場合、すでに病院側で清拭などが済まされ、霊安室などに安置された状態かもしれない。

それでも、招かれたなら、まずそこでしっかりと臨終の祈りを祈る。愛する者の死はいつでも突然のことであり、また、遺された者がその死を受容していく中で、次第に死んでいくものでもある。だから、それぞれの「時」に必要な祈りが祈られることで、遺族は死者を死者としていく。「死」という現実を受け取っていくそのしばらくの間、家族にとっては目の前のご遺体も単なる亡骸ではなく、話しかければ何か伝わっていくはずの「愛する者」であり続けるだろう。しかし、一連の葬儀の儀式と祈りは、形式的に思えたとしても、その形の中で私たちの心が整えられ、けじめがつけられていくことになる。

だから、牧師は自らも深い悲しみの波にさらわれることもあるが、落ち着いてそれぞれの祈りの式を司る。式文の助けも借りて、必要な御言葉を共に聞き、祈る。どうにもすることのできない死という出来事の中で、人は、自分たちを超えた力の前にあることを知らされる。だからこそ私たちは、「神の前に」としかいいようのない厳粛さを共有するのだ。家族の中には、キリスト教のみならず、宗教に日常触れることのない方が多いというのが日本の状況だろう。その中で、牧師がいわゆる「祭司」として働くことの意味は大きい。

納棺の祈り

死者を死者たらしめる一連の葬の段階でも、葬儀・火葬は、その人の地上での生涯、その人との直接の交わりに確かな終わりがあることをいやでも示すことになる。逆にいえば、それまでの時間、日本式でいえば「通夜」にあたる葬儀前夜までは、死にゆく者との地上での最後の交わりの時間を過ごしているということにもなる。慌ただしい時間の只中にあって、この最後の時間を家族が大切に守るということは、後になって貴重な意味を持つことになる。そうした意味で、その大切な時間に思いを向けていく一つのきっかけにもなるのが「納棺の祈り」だろう。

前述した映画「おくりびと」は、ご遺体に死装束を着せ、死化粧を施して棺に納める納棺師が主人公になっている。映画の中では、納棺師の見事なまでに儀式的で美しい所作によってご遺体が大切に整えられ、死者が生前の面影を取り戻していく様子が描かれる。それを家族が見守っているのだが、そうした時間に、家族は愛する者とのさまざまな思い出を思い起こし、本人との現実的な関係では「破れ」ていたことがあったにせよ、そこにある種の和解を見出していく。親子、夫婦、家族の中で、本当ならいつでも分かり合い、支え合えればよいのだが、それができないで、むしろ壊れていく現実。けれど、納棺の時間に改めて死者との関係を思い起こしながら、一人ひとりが心の内に死者との関係を見直し、受容していく。そんな不思議な時間の創出が、あの「納棺」の儀式の中に生み出されるのかと、感心させられた。

普通はあそこまで丁寧に納棺がなされるということはない。納棺師を頼むとしたら、特別な料金もかかるだろう。けれど、納棺それ自体はもともと、家族が亡くなった方を大切に棺へと納めていく作業だ。今は病院で「エンジェル・ケア」といわれる湯灌や清拭も、みな家族が死者を送るためにしたことなのだ。専門家に任せる部分は任せてよいだろう。

ただ、納棺のための祈りにおいて牧師は、あの映画の納棺師のような遺体への所作ではなく、むしろ、御言葉と祈りとによってこの式を司り、家族の心にも働きかけるのだ。

家族の心にある思いを

葬儀においては、参列やお別れのために多くの人が訪れ、喪主はもちろん家族がみなその対応に追われることになる。家族だけで過ごし、愛する故人に向かい合う時間は限られている。それだけに納棺式は、本当に近しい関係の方だけが集まる貴重な時間だろう。

その時に、祈りの式も十分なゆとりを持ってなされる必要はあるが、集まった方々に少しでも故人を思う静かな時間が作れるとよいと思う。亡くなった方はどんな人だったのか。何を大切にされた方か。どんなことが好きだったか。何か心に残る思い出があるか。故人に何かいいたい言葉があるか。

牧師が教会の交わりの中で知り得ていることは、本当にわずかな一面にすぎない。日常の中でこそ、その人の人となりは表される。いいことばかりでない、弱さやもろさ、もしかしたら、あまり他人には見せないできた姿もあるかもしれない。家族だからこそ共有してきたことがある。そして、そこに生きたその人のありのままが描き出される。できれば、その心に浮かんだことを少し分かち合う時間が持てるとよい。口にのぼるわずかな言葉に、牧師は静かに心を合わせ、故人の生に神の慈しみがあることを憶え、受け取っていく。

また、家族は愛する者の死という現実をいやでも受け止めなければならないのだけれど、その時に、いろいろな意味で「悔い」を持ってもいる。ああしてあげればよかった。こんなふうにしてしまったのは間違っていたのではないか。あの時にこういっておけばよかったと、さまざまな思いが揺れ動いている。もしかしたら、家族の中でも異なる思いがぶつかることもある。故人に対する思いも、必ずしもいいものばかりではないかもしれない。人間というものは、本当に複雑なものなのだ。牧師はただ心を静かにして、家族のうちに語り出される言葉に耳を傾けるものでありたい。

牧師が去っていった後でも、家族はいろいろな思いを心に抱くだろう。互いに語り合うことがある。自分の知らないことを他の家族の口を通して知らされることもある。その中で、自分と故人との長い時間を必ず振り返る時が来る。人はやり場のない思いを抱きかかえざるを得ないものだろう。家族は慌ただしい中でも、愛する故人を切なく思い、それでも涙を流すこともできずに過ごすのかもしれない。

牧師は、そうした言葉にならない思いが家族に心の内にたくさんあることを承知しながら、いつでもそれを聞く用意があることも伝えよう。牧師に話すことがなくても構わないが、遺された者たちの心にある故人の生涯を思い、それを神の愛に委ねることも、葬儀における祈りの大切な意味であることを確認したい。また、死者を委ねることだけではなく、私たちの心にある後悔の念や感謝の言葉、それぞれの複雑な思いもすべて神に委ね、清めていただく必要があるのだ。

だから、牧師にとっても忙しい時間が流れるに違いないが、少しでも家族から心の内にある故人への思いを伺いながら、愛する人を失った家族のために祈ろう。家族の中にある思いのすべてが神の御手のうちに置かれるように。解けない結び目も、神様のとりなしの中で解かれるように。

葬儀前夜の祈り

葬儀前夜の祈りの式が、葬儀告別式とほとんど変わらないものとなってしまっていないだろうか。現代人の生活様式の影響もあり、昼に行われる葬儀よりも夜の祈りの式のほうが人が集まりやすいということもあるかもしれない。また逆に、高齢化してきた教会では、足を運びにくい夜ではなく、昼の葬儀のみに参列するということもあるだろう。

集まってくる人の数も、また故人との関係でも、なかなか葬儀前夜の祈りの式と葬儀告別式との間にはっきりとした違いを見出すことが難しいのだ。それだけに、前夜式と葬儀とが、まるで二度の葬儀のようになってしまう場合も少なくないわけだ。

これはある意味で避けがたいところもあるが、前夜の祈りと葬儀とは、それぞれの式で何を中心的に考えるのか、集まることにおいても、礼拝においても、その性格をはっきりとさせて、式文に違いを明らかにさせるということもよいように思う。

礼拝についていうならば、葬儀は、亡くなった方の生そのものを神の御手に委ねるための式であり、前夜の祈りの式は、やはり故人を思い起こし、家族やそれぞれの関係の中で交わりを持った人たちが、その方の生涯に働き、支えられた神についての証しを聞き合い、また主のとりなしと慰めを求めて祈ることへと集中するものとしたらよいと思う。

夜を通してということはおそらく現実的ではないが、家族、親戚、親しい友人が駆けつけて、せっかく集まるのだから、故人を真ん中にしたこの地上での交わりを確認しながら、いろいろな思い出を分かち合うことも大切にしたい。式の前後にそうした交わりを確認できる工夫がなされるとよいのではないだろうか。懐かしいつながりによっても、家族は必ず支えられるだろう。

15　葬儀礼拝――神の出来事として①

召された者と遺された者とが一定の時間を共に過ごしながらも、地上で共にあることに最後の別れを持ち、やがて死者を死者とし、生者は生者として新しい時間を日常として生き始めなければならない。そのために一連の葬の儀式が、いわゆる「通過儀礼」として機能するわけだ。その中で最も重要な位置を占めるのが「葬儀礼拝」ということができるだろう。

私たちは、この葬儀が何よりも礼拝として守られることを大切な視点として確認しておきたい。礼拝は、ドイツ語でGottesdienst、「神奉仕」と呼ばれる。礼拝は、人間が神に対してする奉仕なのではなく、神が御言葉によって人間に奉仕してくださるという意味で、神の業、神の働き、神の奉仕なのである。主が、「人の子は仕えられるためではなく仕えるために……来た」（マルコ一〇・四五）といわれたとおりだ。

なるほど、葬儀は、私たちが死者を送り、死者を悼み、死者のために祈るものという、具体的な私たちの行いと思いが詰まっている。しかし、それだからこそ、この葬儀は神が私たちに仕えてくださる出来事であることをまず確認したいのだ。

神ご自身が私たちをして、逝きし者を葬り、神に委ねしめる。そうして、召された者を通して与えられた恵みの数々を思い、神に対する感謝と賛美の心をいただく。悲しみと寂しさには、慰めを御言葉のうちにいただく。神ご自身がその礼拝において私たちを新たに主のものとして祝し、生かしてくださる。そういう神ご自身の奉仕が、葬儀において一貫して示され、証しされ、分かち合われるのである。

葬儀は誰のためのものか

私たちは、「死者のために葬儀を行う」つもりでいる。亡くなったこの人のために葬儀をして初めて死者は天国に安らうことができると日本人は考えるだろう。「お経の一つも唱えなきゃ、線香の一本もあげなきゃ、死んだ某ちゃんは浮かばれないよ」というような感覚かもしれない。実際は日本ばかりではなく、世界中で見られることだが、遺された家族がどれだけ死者のために宗教的な業を行ったか、それによって死んだ者の救いが決まってくると考えられている。

しかし、キリスト教信仰において、葬儀の有無、あるいはその内容によって死者が救われたり救われなかったりするということはあり得ない。私たちの救いは、ただ主イエスの十字架と復活によって示された神の愛への信仰によって導かれ、与えられるのだ。死後に遺された者がどれだけの葬儀をしたかということで、死んだ者の救いが左右されることはない。

実際、日本のような状況だと、クリスチャンはその家族・親族の中では本人だけで、他には誰も教会につながりがないということも珍しくない。家のお墓もお寺にあり、昔からそのお寺のつながりもある。そうすると、本人が洗礼を受けていたとしても、遺された者がわざわざ教会に連絡をして葬儀をするということにはならない場合もあるだろう。しかし、だからといって、その本人の救いが取り消されるなどということは起こらない。葬儀が救いを決めることはない。

つまり、極端ないい方だけれども、葬儀は死者のために行うのではないといってもいい。むしろ、葬儀は遺された者のためにあるのだ。愛する者を失った家族や親族、友人や仲間たちは、その方の死によって深い悲しみ、痛み、時に恐れや不安を経験する。その魂に慰めと励ましを与え、お互いの交わりを強めながら新しい生活の歩みを準備するために必要なものだ。キリスト教では、この葬儀礼拝において遺された者が、神に死者をすべて委ねつつ、御言葉によって神からの慰めと励まし、また新しく生きるための特別な力をいただいていくのだ。

逝きし者、そのいのちは、実は初めから主の御手のうちにある。葬儀は、死者に新たな神の業をもたらすものではない。だから、その意味で、葬儀をすることが死者のためになるように行うものではなという。

ただ、それと同時に、葬儀においては確かに神がその一人の人に働き、その人生を祝福し、受け止めてくださっているということを、神様ご自身によって示されるものである。遺された人々の心に、その神の恵みが働きかける。それこそが遺された者にとっての本当に大きな慰めとなるのである。

葬儀説教

この葬儀礼拝の中心は、その意味でもやはり説教にある。一人の人の死がもたらす驚き、恐れ、悲しみ、不安。私たち人間の最も深い窮状に対して、神の言葉が語られ、福音の宣言がなされる。もちろん、その宣言、語りかけは、礼拝全体の働きであるということはいうまでもないが、とりわけ説教が神の言葉を取り次ぐものであることを強調するのは当然のことだ。

ただ、葬儀という特別な状況での説教は、主日礼拝で語られるのとは違う。愛する者を失ったという極めて具体的な状況の中に、そこに集う者全員が共にあるのだ。今、亡骸を目の前にしている一人ひとりの心には、喪失感という一言では決していい尽くせない思いがある。その悲しみに対して主が語りかけられるのだ。その御言葉が分かち合われなければならない。

だから、この説教においては、故人の生涯、そしてまた闘病や最期の状況について具体的に触れられることも、ある程度必要なことだろう。葬儀礼拝は、故人との親しい交わりを持った人たちが集っているのだが、皆が同じようにその死について伝えられているわけではない。この突然の出来事の客観的な情報を確認することは、この出来事を受け止めていくためにも役立つ。どのように看取られたのか。本人はどうそのことに向き合ってきたか。どんな時間が生きられたのか。そうした一つひとつの状況が、その人の「死」の姿を固有のものとして示すことになるだろう。その具体的な状況を確認することが、集う人たちの心に必要な言葉を届けていくことに役立つのだ。

もちろん、葬儀説教は、その人の「死」にばかり目を向けるのではなく、むしろその人のかけがえのない人生の歩みとさまざまな関係の中で、その人がその人として生きたことを憶えるのがよい。けれども、大切なことは、そうしたその人の生涯すべてにおいて神の愛と恵み、支え、導きが見出されることだろう。

そのために、故人の愛した聖句や賛美歌、信仰の歩みを示すものが葬儀礼拝で用いられ、紹介されるのはふさわしいだろう。決してその人自身が賞賛され、特別な業績を称えることが説教の務めではない。多くの人にとって、その人との出逢い、交わりの中で受け取ってきたものが数限りなくあるだろう。その背後に、その人のいのちを与え、生かしてくださった神の働きがあり、恵みの御業があったことを憶えるものでありたい。

そして、そのかけがえのない愛する人を失った悲しみに向けて、神が確かにそのいのちへの責任を持ってくださっていること、キリストによって死が最終的な言葉ではなくなったこと、永遠のいのちへの祝福と復活の恵み、天のふるさとへの帰還や御国での再会の希望など、聖書の示す福音を、この具体的な一人の人の死の出来事の中で分かち合うことが説教の務めということだろう。

どのようないのちにも

私が牧師をしていた時、若い夫婦に与えられた初めての赤ちゃんが死産となり、「葬儀をしてほしい」と頼まれたことがある。その子どもにこの世での時間はなかったのだ。生まれたという記録も残らない。果たしてそれで葬儀となるのか。この子の生涯と死をどのように神の御手に見るのか。何が御言葉として語られるべきなのか。いろいろなことが頭を駆け巡ったことを思い出す。

この若い夫婦は、母親の胎に宿ったと分かった時からお腹の赤ちゃんに話しかけ、その成長を見守り、やがて生まれてくるその子のためにいろいろな準備もしていた。死産ではあったけれども、かねて考えていた名前で呼びかけたのだ。だから、その子のためにどうしても葬儀をしたいと、牧師のもとに来てくれたのだった。この子が確かに自分たちの子どもであったことを忘れたくないという思いだった。

法律は、きっとこの死産の子どもの名前を憶えることはないだろう。しかし、親は違う。ならば、神はこの子のいのちを母親の胎に置いた時から、その親以上にこのいのちを育み、守ってきたに違いない。生きて生まれることはなかったけれども、その子どものかけがえのない存在を失った夫婦には、葬儀礼拝が必要だったのだ。

いのちの出来事は、神の出来事だ。御手のうちにあったいのちを、確かにその御手に委ねることの慰めが求められた。「七つまでは神のうち」という古いいい方が日本にはある。しかし、本当はどんなに年老いた者のいのちも、あるいは逆に、この世に生まれ出る以前のいのちも変わらない。みな神の御手にある。愛され、生かされ、赦され、召される。その不思議な御業の中に、私たち、逝きし者も遺された者も共にある幸いが、一人ひとりに示される。葬儀礼拝は、その神の御手に触れていただく出来事なのではないだろうか。

16　葬儀礼拝──神の出来事として②

洗礼の完成としての死

　たとえば、アメリカのルーテル教会の葬儀礼拝式文では、その冒頭、礼拝への招きの後、「洗礼の感謝」が宣言される。洗礼とは、私たちがキリストと共に葬られ、キリストと共にその復活のいのちにあずかることだ。この感謝の言葉で、逝きし者は確かにキリストの復活に結ばれていることが想起されるのである。

　ルターが洗礼について、「その意味すなわち霊的洗礼、罪が溺死させられることは、私たちが生きている限り続き、死において始めて完成される」（『洗礼という聖なる尊いサクラメントについての説教』一五一九年）といっているとおり、私たちがこの世の生を終える時にこそ、復活へと結ばれる洗礼は完成されるといってよい。こうした視点は、葬儀が単に死と別離の悲しみの中にあるというばかりではなく、むしろ復活と再会の希望を私たちに示すことになる。

葬儀は、死者を葬るために集う遺された者たちが、神の御言葉の奉仕にあずかり、そこで深い悲しみの中にも慰めと希望を与えられる礼拝である。けれどもその中心には、この一人の人の死の出来事に神の愛の御業と救いの約束が示されなければならない。その約束においてこそ、この一人の人の死における悲しみは慰められ、希望は開かれていくのだ。その意味で、この一人の死の出来事の中に、復活へとつながる神の救いの働きを示す「洗礼」を想起させる言葉は力強い。

もちろん、葬儀における「洗礼の完成としての死と復活」への言及は、洗礼を受けたキリスト者に向けてのことに限られる。死者が洗礼を受けていない場合には、洗礼の完成という意味での復活への確かな約束を、洗礼を受けた者への言葉と同じようには語りがたい。ただ、すべて生きとし生けるもののいのちの初めと終わりを定められる神の御手がこの一人の人の生涯を祝福へと招き、今その生のすべてに慈しみと憐れみを持ってくださること、そして救いの礎となられたキリストに委ねることを、司式者が宣言することはできよう。

聖餐の交わり

キリスト教のもう一つの礼典である聖餐の交わりは、キリストご自身の体と血をパンとぶどう酒においていただき、罪の赦しと永遠のいのちの約束が与えられる礼典だ。また、終末の御国における祝宴の先取りともいわれ、キリストが共にある約束とともに、その礼典に連なる人々との具体的な祈りの交わりや支えを思い起こさせるものでもある。

それだけに、この聖餐は病床においても共にあずかることが勧められるが、葬儀においても同様である。すでに御国にある逝きし者と、許されてまだ地上にある遺された者たちとの復活における再会と交わりに、聖餐の礼典を通してあずかる。別離の悲しみにある遺族には、この交わりが示されることは大きな慰めになる。

ただ、これに関しても日本では、特に本人、遺族、またそこに集まった人々みなが同じように洗礼を受け、この礼典に共にあずかることができるというわけではない。それだけに、葬儀で聖餐を行うのはなかなか難しいとされてきた。死という別離の悲しみの中にある人々の中に、洗礼を受けているかどうかという線引きを持ち込むことは、なるべくなら避けたいという心情も働くだろう。

それでも、十分な説明を加えながらその聖餐の交わりの意味を示し、また洗礼を受けていない人々にも祝福の言葉にあずかっていただく工夫などがなされれば、葬儀における聖餐もまったく不可能ではない。また、葬儀礼拝の前後に、特別な時間を作って聖餐の交わりを持つこともあり得よう。日本のプロテスタント教会ではほとんど実行されていないが、初代教会の時代から殉教者たちの墓で復活と御国の希望を確認するように聖餐が祝われてきたこともあり、葬儀における聖餐式の可能性は検討されてよいことだと思う。

式文（リタジー）の力

現在の日本のルーテル教会式文では、葬儀礼拝の中で次のような葬送の辞が、棺、もしくは遺体の頭に手を置き、司式者によって祈られる。少し長くなるが紹介しよう。

地上の体が滅びても、新しい天と新しい地が成就される時、主のみ力は卑しい体を変えて、栄光の体にかたどらせてくださいます。

主よ。キリストによって、復活と永遠の命にいたる確かな望みを抱き、今愛するものの亡骸を元に戻し、土を土に、灰を灰に、塵を塵に返します。すべてのものの終わりを清め、美しくしてくださるみ業をたたえつつ、救い主、御子イエス・キリストのみ名によって。アーメン

会衆も共にアーメンと唱和する。かつての古い式文では、この言葉は火葬直前の祈りの式の中で祈られたのだが、葬儀出席者がみな火葬場まで同行するわけではないという事情も考え、葬儀礼拝の中で終わりの祝福の前にこの「葬送の辞」が祈られ、宣言される。生きられたこの世の生涯を締めくくる宣言をし、終末における復活の希望を語り、すべてを神に委ねる言葉によって、この礼拝における目的・意味がはっきりと示されるといえるだろう。

こうした式文の言葉や成文祈禱が用いられることは、自由祈禱の伝統を大切にしている諸教会には違和感があるかもしれない。けれども、聖書や教会の伝統的な祈りの言葉によって導かれ、葬儀礼拝全体が神の御業に仕えるものとして、その意味を明らかにされ、信仰が養われる恵みもある。言葉に尽くすことのできない神の働きだからこそ、定められた辞によって確かな神の出来事を表す力がリタジーの中にはあるのではないだろうか。

日本の風習の中で

葬儀では、普段の礼拝とも、また結婚式などとも違って、日本的風習に強くさらされることがある。たとえば、弔辞として死者に別れの言葉を語りかけ、献花のために前に進むと遺影に対して祈ろうとするなど、故人を拝んだりするような仕草が自然に見られる。葬儀に駆けつけた方が「お焼香だけさせてほしい」と求められる時もあるし、火葬後には、骨上げで合わせ箸をするように説明され、いわゆる「喉仏」が恭しく納められたりする。こうした日本的なやり方は、臨終の時から死者に対してしなければならないことのようにさえいわれるのだ。死に水をとったり、北枕にして枕飾りや守り刀などが用意されたり、死装束でわらじが履かされたりする。それも、地方によってさまざまに異なった習慣がある。

すべてを否定する必要はないのかもしれないが、そうすることは、神の恵みのみに委ね、とりなしを祈り、御言葉から慰めと希望をいただくという礼拝の中心が失われることになりかねない。だから、なるべくならキリスト教信仰のふさわしい形を整えたい。教会員には折に触れて学びをすることもできるだろう。式の前に、あらかじめ説明や心得を話すことや式次第に書いておくなどの工夫もよいと思う。

ただ、遺族をはじめ、お集まりいただいた方々が必ずしもキリスト者であるとは限らないし、まして葬儀の作法はキリスト教信仰にふさわしいやり方でといわれても、すぐに理解できるとは限らない。自分の慣れ親しんだやり方で葬儀に臨まれた時に、それを否定したり、間違っていると指摘したりすることには注意が必要だ。その方なりに心を込めて哀悼の意を表される時に、「間違い」ということはあり得ない。むしろ、そうしたさまざまなあり方を受け止めつつ、祈りをもって整えていくのが、牧師と教会のとりなしの働きと心得るべきだろう。

悲しみに寄り添う

臨終の時から葬儀告別の式まで、遺族はことのほか緊張を強いられ、特に喪主の責任は重く、気丈に振る舞うことだろう。いろいろな手配や説明に奔走することにもなる。愛する者の死ということの現実が受け止められないうちに一連の事柄が流れていくという思いがあるかもしれない。

けれども、その時間の途切れる瞬間が来る。あるいは、「止まったままの時間」に気づく時があるものだ。葬儀の最中かもしれないし、終わってから、時には一年くらいしてからなのかもしれない。その時、愛する者を失ったという実感がしみじみとその人を包み込む。だから、その悲しみを分かち合うための教会の交わりが必要だ。

「キリスト教の葬儀は、死者を天国への凱旋として送り出すことだから、悲しみを表すべきではない」といわれる方がある。「感謝と賛美をもって天国へ見送るべきだ」と。

確かに、キリスト教の信仰は、その方の死の出来事にも復活のいのちと再会の約束を信じ、慰めと希望を与えるものに違いない。しかし、現実にその時まで共に過ごした愛する者を失ったのだ。どんなに信仰に堅く立つ者であっても、悲しく、寂しく、切なく、割り切れない思いを抱くのは当たり前。

むしろ、その悲しみをしっかりと悲しみとするように、共に寄り添い、支え合う者でありたい。「泣く人と共に泣」く（ローマ一二・一五）ことこそ、信仰者の交わりの中に求められることだ。牧師ばかりでなく、信仰の交わりが一人ひとりの悲しみに寄り添い、分かち合うことのできるようでありたいものだ。

17　すべてを主に委ねて

それぞれの地方の風習によっても、また具体的な状況の違いによっても、葬儀と火葬との順序は異なるものだが、いずれ、時を分かたず、ご遺体との最後の別れとなる。お骨を拾うことになると、もはや返ることのない「死の現実」を静かに実感させられる。火葬場職員が手際よく骨を集め、皆で骨壺に収骨する。どんなに召された者へ思いを募らせていても、その存在が骨となったということが、遺された者たちの前に淡々と現実となる。慌ただしくも重ねられてきた一連の葬儀は、こうして締めくくりに向かっていく。遺族には、遺骨との対面によって不思議に一つのけじめがつけられてくる。

確かに、その悲しみの姿に変化が起こってくる。愛する者を失った激しい動揺は、臨終、納棺、前夜式、葬儀、葬送、火葬という葬りの道行きをたどりながら落ち着きを見せるだろう。一つひとつの祈りによって、私たちは死者を神の御手に委ねていくのだ。そして、多くの人々の慰めにも励まされ、遺族は忙しい日常に帰っていくようにも見える。

喪を過ごす

繰り返しになるかもしれないが、キリスト教信仰にあって、死は最後の言葉ではなく、復活の希望に結ばれている。召された者のいのちは神の祝福の中に置かれ、その生涯は主のもとに完成されると信じることができる。だから、死の悲しみは、究極的な意味で癒されているのだ。それでも、「今、ここで」、共に生きてきた愛する者の死を前にして、深い悲しみの思いが押し寄せてくることは当然のことだろう。

ルターも、娘マグダレナを一四歳で失った時、信仰に支えられ、最もよき天の父のもとに娘が今、平安にあることを喜ぶことができるとしながら、「それでも、なおこんなにも悲しいとは、なんと不思議なことだろう」と、その悲しみに暮れる自分をありのままにいい表すことをためらわない。そんな自分が丸ごと神様の前に赦されているという主への信頼を生きたといってよいだろう。

だから私たちは、この世の生を生きる間に、愛する者と生死の境を分けて後、共にあずかる復活と再会の時までは、その現実的な「悲しみ」を確かに悲しみとしながら、ゆっくりと癒されていくに違いない。葬儀を終え、火葬によって死の現実を「遺骨」というかたちで手にすることで、きっと死の受容のプロセスを踏む。しかし、それで悲しみに終わりがもたらされるわけではない。静かな悲嘆は、心の底に沈められていくのだ。

一般に「喪」が定められ、遺族が一定の期間、社会から距離を置くのは、その悲しみをしっかりと悲しむことで癒しを得、日常の生活に戻るのにしばらくの時を必要とするからに他ならない。日本の風習でいえば、直接の家族が服忌として祈りに専念するのは五〇日、そして喪の期間は約一年間、慶事から離れる。宗教的に死を「けがれ」とし、それが広がることを恐れ嫌うというのが一つの理由だ。しかし現実的には、「死を悲しむ」心への配慮という側面があったことだろう。

ただ、現代ではそのような「喪を過ごす」ことはあまり重要に思われていない。数日の忌引きはあるが、葬儀を済ませば、遺族もそれぞれ日常の生活に慌ただしく戻っていき、悲しみを表したり、そのために時間を持ったりすることはしづらい。いちばん近しいはずの家族や親族も、今はそれぞればらばらに生活していることがほとんどだから、葬儀が終われば、なかなか顔を合わすこともできないだろう。仏教の葬儀などでも、最近は初七日の法要を、葬儀告別の読経に引き続き同じ時に行っていることがほとんどだ。本来そうした七日目ごとの集まりは、宗教的な意味とともに、遺された者のグリーフ・ワーク（悲嘆の癒し）となってきたのに、死者を見送った後の遺族の心はあまり顧みられていない。

忙しい現代社会は、たとえ遺族であっても、ゆっくりと喪を過ごすことを許さないのだろうが、だからといって悼みのミニストリーが不必要なわけではない。幸いにして、キリスト教信仰に生きる者たちは毎週日曜日に集うのだから、その親しい交わりのうちに逝きし者のことを思い出として語ることもできよう。注意したいのは、いたずらに励ますことや、「信仰者にとっては死も悲しみではないはずだ」とか、「死は天国への凱旋だ」などと教条主義的に悲しみを遮るようなことは厳に慎みたいということだ。悲しみの中にあるご本人がいわれるのであれば、そこに一つの信仰の告白があるといってよいとも思うが、いずれにせよ、悲しみも素直に受け止めることが大切だ。

牧師を含めて近しい者たちは、召された者と共に過ごした日々を思い起こしつつ、語り合い、祈りに憶えるだろう。日常の中で、折々に故人を思いつつ、祈りながら過ごすことができる教会の交わりは、悼みのミニストリーにふさわしく機能するだろう。

料金受取人払

牛込局承認

7237

差出有効期間
2017年6月1日
まで
(切手不要)

162-8790
東京都新宿区新小川町9-1
キリスト新聞社
愛読者係 行

お買い上げくださりありがとうございます。
今後の出版企画の参考にさせていただきますので、ご記入のうえ、
ご返送くださいますようお願いいたします。

お買い上げいただいた**本の題名**

ご購入の動機　**1.** 書店で見て　**2.** 人にすすめられて　**3.** 出版案内を見て　**4.** 書評(　　　　　　)を見て　**5.** 広告(　　　　　　)を見て　**6.** ホームページ(　　　　　　)を見て　**7.** その他(　　　　　　)

ご意見、ご感想をご記入ください。

キリスト新聞社愛読者カード

ご住所　〒

お電話　（　　　）　E-mail

お名前　性別　年齢

ご職業

所属教派・教会名

図書目録　要 ・ 不要

キリスト新聞の見本紙　要 ・ 不要

このカードの情報は弊社およびNCC系列キリスト教出版社のご案内以外には用いません。
ご不要の場合は右記にてお知らせください。
・キリスト新聞社からの案内　要 ・ 不要
・他のキリスト教出版社からの案内　要 ・ 不要

ご購読新聞・雑誌名

朝日　毎日　読売　日経　キリスト新聞　クリスチャン新聞　カトリック新聞　Ministry　信徒の友　教師の友
説教黙想　礼拝と音楽　本のひろば　福音と世界　百万人の福音　舟の右側　その他（　　　）

お買い上げ年月日　年　月　日

お買い上げ書店名

市・町・村　書店

ご注文の書籍がありましたら下記にご記入ください。
お近くのキリスト教専門書店からお送りします。
なおご注文の際には電話番号を必ずご記入ください。

ご注文の書名、誌名　冊数

冊

冊

冊

記念会

キリスト教では、一周忌とか三回忌などの特別な供養が必要なわけではない。遺された者が繰り返しとりなしを祈り、功徳を積まなければ救われないわけではないから、記念会についても定まったものがあるわけではない。けれども、何かの記念日に死者を憶えることは、遺された者にとってはまた特別な意味を持つことだろう。召された者の誕生日、召天日、結婚記念日、受洗日などがそうした「記念日」とするのにはふさわしい。

喪失の体験は、大きな空洞を心にもたらす。大切な人が失われたという経験は、自分自身の一部がもぎ取られ、えぐり取られるに近い。人は、最愛の人を失ったその悲しみにおいて死者を最も近く感じ、死者が自分の傍らに寄り添うものであることが感じられるという（若松英輔『生きる哲学』）。

もちろん、何かオカルト的な死者の霊との交流を考えるわけではない。ただ、「私」という存在は、私一人でいるのではなくて、たくさんの愛する他者と共にここにある共同的存在なのだ。たとえ、その他者が地上の生涯を終えようとも、やはり私の一部として私の中に生きている。

だから、召された者とは、御国のなる時まで会うこともかなわないと思いつつ、実は、今を生きる私たちのうちにその一人ひとりが生き続けていることを知るのだ。その関係の中でこそ、「私」のいのちに意味が与えられてきた。その方にとって自分は、妻であるかもしれないし、夫であるかもしれない。息子であるか、娘であるか。あるいは母であるか、父であるか。兄弟や姉妹であるかもしれない。いずれにしても、そうした具体的な関係の中で私たちは、自分という存在の意味、そのかけがえのなさを分かち合い、受け取ってきたはずだ。だからこそ、今の自分がいる。その方がいて、「私」がいる。

死者を記念する時、召された者との具体的な関係を生きた私たちは、その方との特別な関係の一つひとつに思いを巡らすことだろう。どんなふうに出逢ったのか。何を語り合ったか。何を与え、何を受け取ったのか。その小さな仕草、面影も含め、私たちのうちにその人自身がきっと刻まれているのだ。

記念日にその人を憶えることとは、まず何よりも、そうした具体的な関係を生きる者として召された者を与えてくださった神に感謝することだ。そしてまた、その関係に自分を召してくださったこと、その関係の中でこそ自分に与えられた恵みの数々を神からの賜物として感謝することと知りたいのだ。

主の御手のうちに

もちろん、私たちの人間関係は破れを持っている。怒りや憎しみ、羨みや妬み、嫉妬、裏切りと争いなど、共に生きるべき他者を愛することも受け入れることもできない関係を、自己中心的な私たちは持て余しているのかもしれない。この人間関係の破れこそ、アダムとエバ、カインとアベルの時代から、神関係の破れ（罪）の現実を生きる私たちのいちばん深い問題なのだ。

だから、すでに召された者をどれだけ身近に感じようとも、共に生き続ける思いを持ったにせよ、そうした私たちの存在そのものに破れがあり、それゆえに死者との関係においてさえ傷つき、思い起こすことも厭われるということがあるかもしれない。相手の現実を頭で理解しても、心が受け入れられないということもあり得よう。また、その人を愛する時にも、どれほど身勝手な思いを秘めているか分からない。自分にとって都合のいい限りにおいて愛することしかできないのが、私たちの姿として見えてもくる。

つまり、愛する者を看取り、主のみもとに見送ることの中にも、たくさんの行き届かぬ思いが残るのだ。それればかりか、かえってそのことの中で私たちの破れは赤裸々になり、傷つき傷つけられた痛みと後悔が罪責の思いとして、誰にも語れないまま深く胸の奥に残る。そんな現実を抱えているかもしれない。

だから私たちは、赦しの主、そして和解の主としてのキリストご自身に私たちの只中にいていただかなければならない。私たちの罪を戒め、滅ぼし、そして清め、また新たに生かす恵みを絶えず受けていかなければならないのだ。主ご自身が共にいてくださるのでなければ、どのようなひと時も、私たちは歩み通すことができない。

すべてを主の御手に委ねてよい。私たちの主イエス・キリストがすべてにおいて働き、この看取りと悼みのミニストリーを全うしてくださるのだから。

18 キリスト教葬儀の実際

	遺族	牧師（教会）	葬儀社
病状の深刻化	牧師、教会に連絡（家族、本人） 本人が会いたがっている人に連絡 可能なら本人に葬儀の意思を確認 愛誦聖句、愛唱賛美歌、略歴の準備 （これは日常の中では確認できるが、病状が深刻化する中では難しい。むしろ、癒されることへの希望や祈りを最後まで表すこと。特に葬儀社などの話は、亡くなる前に口にすることは控えるべき） 写真の準備 可能なら葬儀社の選択（牧師に相談も可） 会いたい人や話したいことなどは本人の希望を聞くことが大切	病床訪問、病床聖餐 病状が重くなると聖餐は困難な場合が多い。福音がしっかりと伝わるように工夫が必要。赦しの言葉は牧師が語ることのできる最も大切な務め。この機会をどう捉えるかが工夫のしどころ。癒しを祈ることを忘れずに。癒しの塗油などの工夫もよい。手を額に置くことや、祈りの手に手を添えることなどもあってよい 危篤時、臨終時には連絡してくれるよう家族、関係者に依頼 万一の場合、葬儀社を決めてあるかを遺族に確認（亡くなってからで大丈夫なので、その前に口にすべきではない）	

危篤	連絡の担当者を決める 親戚、縁者に連絡 牧師、教会に連絡	訪問して祈禱、病床聖餐など 聖書や十字架など信仰を支える具体的なものを枕元に置くなどの工夫もあってよい 教会籍を見直し、本人の信仰歴、教会活動などを確認	
臨終	牧師に連絡 自宅で亡くなった場合はかかりつけ医、警察に連絡 葬儀社へ連絡（決まっていない場合は、病院か牧師の紹介を受ける）	臨終・枕頭の祈り 葬儀社への連絡（家族から依頼があった場合） 納棺などについての段取りも確認	電話連絡を受け、出社して準備 寝台車を手配して病院へ
遺体の搬送、安置	自宅、教会堂（あるいは葬儀場）のどこに遺体を安置するかを決める	遺体を教会に安置する場合、受け入れの準備	遺体の搬送 遺体の処置
葬儀打ち合わせ	葬儀に関する家族代表を決める 喪主を決める 会葬者数の目安を葬儀社に伝える 故人の略歴、信仰歴などを牧師に伝える 特に連絡してほしい牧師（授洗牧師）などがあれば、牧師に伝える 棺桶、盛り花の数などを決める 会葬お礼状の文言、返礼品の有無、数などを決める 遺影を決める（候補を出して葬儀社に相談するのも可）	葬儀打ち合わせに同席 日程を決める 教会役員（長老）に連絡 オルガニストの確保 教会の中で相互の牧会が行われるよう、特に関係の深い人、グループなどには早く伝えて協力を求める 会場について遺族の希望を聞き手配 納棺式、前夜式、告別式の流れを説明し、遺族と刷り合わせ 葬儀奉仕者を手配 聖句、賛美歌を遺族と共に決める プログラム印刷手配	火葬場手配 同じ葬儀会場で行われた際の、例になる写真などを見せながら遺族に説明 遺影の手配 挨拶状、返礼品などの確認、手配 役所などの届け出の必要を遺族に伝える 見積書の作成 帰社して、各種発注業務

	納棺式	出棺（葬儀礼拝会場へ）
死亡届などの役所関係の手続き（牧師、葬儀社に相談するのも可） 葬儀社の見積書の確認 追憶（弔辞）を依頼する人を決める 葬儀のお知らせ（日程、キリスト教式を明記）を作成して、必要先に配布 受付の種別分けを葬儀社に指示	納棺式（通常、家族や親近者のみ） 納棺は場合によっては病院の霊安室で先に行われる場合もある 火葬場へどれだけの遺族、関係者が行くかの決定。そのための交通手段について葬儀社と確認 火葬後の段取りについては遺族で決定し、食事などの会合の出席者の確認をし、牧師などに出席を願う場合は早く依頼を行う	喪主が霊柩車に同乗する例が多い 遺影を運ぶ 遺族挨拶の準備
追憶（弔辞）依頼の際、伝えてほしいポイントを説明（人数、話の時間、故人に呼びかけず会衆に語ってほしいことなど） 葬儀説教の準備	納棺の祈り 納棺の前後は、少し時間をゆったり取って遺族への牧会も必要。納棺だけの事務的な作業にならないことが大切	出棺の祈り 教会での棺の受け取りの段取り 葬儀礼拝の準備には、葬儀社との綿密な連絡が必要 教会として受付などの対応をどうするかを確認
	納棺の準備・作業 自宅の祭壇の準備	葬儀場の設営準備 自宅の棺を葬儀場へ運ぶ

前夜式 告別式	受付開始三〇分以上前に到着 受付、道案内などの奉仕者に挨拶 お花料の扱い責任者を決める 遺族挨拶	司式、説教 教会堂の管理 お茶会などがあれば、その手配 教会で一晩ご遺体（棺）を預かることになる。ご遺族に安心を与えるような配慮が必要	牧師および会場責任者と式の打ち合わせ 受付準備、案内者配置 受付の方法を奉仕者に指示 式場の片付け
出棺および火葬	火葬許可証を提示し、埋葬許可証を受け取る（葬儀社が代行する場合も多い） 骨壺を受け取る	司式、火葬の祈禱 待ち時間に遺族の話を聞く 拾骨後の祈り	火葬場への案内 式場に戻り、片付けの続き 骨上げの案内 埋葬許可証および今後について喪主に説明
一連の葬儀後	葬儀社への支払い 教会への支払い 返礼の準備、発送（必要な場合のみ）	納骨、墓地の有無、希望などについて遺族に確認 教会への支払いについて遺族に説明	書類整理など 請求書の発行 返礼品について相談を受ける
納骨式	納骨、記念会について牧師と相談 必要先に納骨式の連絡	納骨について遺族と刷り合わせ 納骨式司式、説教、祈禱（墓前）	
記念会	記念会の実施（必要な場合）	記念会の司式、会場の手配、準備など	

19 キリスト者の死生観I

現代の「死」の論議

少し前まで「死」について語ることはタブーだった。今日でも基本的にはそう変わらないのかもしれない。しかし、たとえば「ホスピス」を中心とした終末期医療や医療技術の発展とともに、「死」の問題はにわかにさまざまなメディアで論じられるものとなった。「臓器移植」とともに「脳死」問題が論議されるようになったのは、ごく最近のことだ。

かつては、家の中で年老いた者、病気になった者は死んでいった。そのように身近な出来事であった「死」を、病院や特定の施設、一連の葬儀システムの中に追いやってきたのが現代だ。その一方で、高齢化社会・医療技術社会を迎えて、「死」の問題が改めて論じられるようになってきたのだ。そして「死」を論じながら、実は同時に「いかに生きるか」が問題になっているのが現代の「死」をめぐる状況だといっていいだろう。その課題に答える議論がどれだけなされているだろうか。

日本人の死生観とキリスト教

たとえば、梅原猛や山折哲雄などは「日本的宗教性や霊性」の現代的な意義を主張し、西欧的な人間中心、個人主義的世界には日本的死生観が必要とされているのだという。さらには、他人の臓器をもらってまで生き延びようとするのは、肉食の西欧文化、あるいは「聖餐」（キリストの体と血をいただく）や「聖心信仰」（キリストとの心臓交換の瞑想）といったキリスト教世界から出た思考と断じて、日本人の心にはそぐわないとまでいうのだ。

このように「日本的なもの」と「西欧的なもの」「キリスト教的なもの」とを単純化し、対比させて議論することには注意が必要だ。しばしば、それは一つの意図に基づいて描かれていて、客観的な批判に耐えることができない。「臓器移植」の問題を「他人の臓器を取って生きる」と単純化するのは、まったく誤った考えだ。むしろ、自分の一部をささげて一人のいのちを助けるという点を見るならば、個人主義というのとはまったく違った面を語ることになるはずだ。

確かに、日本人には独特の感じ方、考え方がある。自然の中のありとあらゆるものの中にいのち（タマ）があり、それは大きな流れの中に循環していると考えられている。個人のいのちが終わったとしても、それですべてが終わりということにはならない。むしろ、自然のままに生きて、自然のままに死んでいこうとするのが日本人のありようで、そうして自然全体の大きないのちの流れの中に一つとなっていくという考えがある。「大河の一滴」（五木寛之）という表現は、見事に日本人の死生観をいい表していると思う。

他方、日本人には、家を中心とした共同体に生き、また死んでいくという気持ちがある。死んだ者も生きた者も一つの共同体の中に含まれていて、死はその身分を変えるだけで、絶対的なものとはなっていないのだ。仏壇にある祖先の「タマ」も食事を共にするし、家の者はその仏前にいろいろな報告もする。「生まれ変わり」といわれることや「名を継ぐ」いう習慣も、いのちの連続性を共同体の中に持っていることを表している。生きている者は死者をよく「供養」し、死んだ者の「タマ」は生きている者を「守り」、「祝福」する。「おじいちゃんが守ってくれている」というのは、当たり前のように聞かれる言葉だ。

そうした日本人の心から見ると、キリスト教は人間中心で個人主義的ということになるのだろうか。しかし、キリスト教は神中心だ。確かに人間は神様の言葉を聞く者として特別な存在ではあるが、聖書は人間を他のすべてのものとともに神の被造物としている。決して人間中心ではない。またキリスト教は、神の民であることを旧約の歴史に引き続いて大事に考えている。隣人に仕える愛の信仰は、決して個人主義ではない。

キリスト教の「死」の理解の基本

それでは、キリスト教は「死」あるいは「死者」をどのように理解しているのだろうか。キリスト教では「死」について大きな二つの理解の筋道を持っている。

第一に、「死」は、人間の被造物性を表している。永遠なるものは神様以外にはない。古代ギリシャの考えは「霊魂不滅」で、人間は永遠の魂を持つ存在と考えられた。しかし、キリスト教はそのように考えない。神様に造られ、与えられたこの世でのいのちを生きることにこそ意味があり、尊いものなのだ。けれども、そのいのちは、神様のように無条件に永遠な存在ではあり得ない。「死」は、土の塵から造られた人間の有限性・被造物性を意味している（創世記二・七）。これが聖書的な意味での「自然死」の考え方だ。人間が年老いて死ぬということは、ごく自然な出来事として考えられているという側面がある。

第二に、キリスト教において「死」は、人間の罪の結果として理解されてきた。パウロが「罪の支払う報酬は死である」（ローマ六・二三）といっているとおりである。私たち人間は神様に「よきもの」として造られたはずだったが、神様に逆らい、罪を犯した。それゆえに「楽園」から追放され、「死」を恐れて生きる者になっている。人間の罪こそ、被造物全体を「虚無」に服せしめたのだ。

この二つの考えはそれぞれに異なる強調点を持っている。しかし共通するのは、神様との関係の中で私たちのいのちが考えられている点だろう。そして、とりわけ第二の点、つまり罪との関わりの中で私たちの「死」を考えることが重要な問題になっているのだ。

「生きること」と「天国」

精一杯生きたなら、その行き着く先として「極楽」「浄土」を無条件に望む日本人に限らず、死後に行く場所として「天国」が思い描かれるのは人間の自然な願いだろう。聖書にも「天国」が語られている。けれども、キリスト教でいわれる「天国」は、私たちが死んだ後に行く場所として描かれているのかどうか、よく注意しておく必要がある。イエス様は「神の国」とか「天国」という言葉で、神様と私たち人間との関係をお話しになっている。生きている者も、死んだ者も、神様との正しい関係の中にあることで「天の国」にあると考えられているのだ。

つまり大事なことは、まず私たち一人ひとりがどのように神様との関わりの中に生きているかということになる。そして聖書は、私たちと神様との正しい関わりがイエス様を通して与えられるとしている。天国は、私たちが死んだ後に行く場所なのではなく、イエス様と共に私たちのところにやって来た出来事なのだ。イエス様はいわれる。「わたしは復活であり、命である。わたしを信じる者は、死んでも生きる。生きていてわたしを信じる者はだれも、決して死ぬことはない」（ヨハネ一一・二五―二六）。つまり「死」は、イエス様との交わり、一致において克服されたものとなるのだ。生きることの結果「天国」に行くのではなくて、「天国」を生きるのである。

そして、このイエス様との関係の中で私たちは、第一に罪の赦し、悪の力からの解放が与えられる。そして、このイエス様と共にあることで、私たちは神様と隣人に仕える者、愛する者とされるのだ。そのような神様の出来事が恵みとして与えられるところに「天国」があるといえるだろう。キリスト者の死生観は、まさに「キリストの愛に生かされる」ところにこそある。

20　キリスト者の死生観Ⅱ

「私の死」

私たちが「死ぬ」ということは、ある意味では当たり前のことだが、これを当たり前といって済ませることはできない。トルストイが短編『イヴァン・イリイチの死』で見事に描き出したように、「人間は誰でも死ぬ」ということと、「私が死ぬ」ということはまったく別のことなのだ。そして、実際に私たちは皆、「私が死ぬ」という抜き差しならないことに直面している。その「抜き差しならなさ」に、日本的霊性・宗教性は応えているのだろうか。つまり、やがて自然のいのちの流れの中に帰るという考えや、共同体の中に形を変えて生き続けるというような死生観は、この「私の死」に救いを与えているのだろうか。

これは簡単に答えを出すことのできない問題だ。しかし、少なくとも日本的霊性においては、「私」という存在を自然の中に、あるいはまた共同体の中に消していく傾向がある。そうすることで「私の死」を超えていこうとしているのかもしれない。けれども、それで「私」の問題は本当に慰められるだろうか。慰められない「私」は、「怨霊」になる以外にないのかもしれない。

罪と死

パウロ以来（あるいはアウグスチヌス以来）、キリスト教の歴史の中では、もっぱら「死は罪の値」として考えられてきた。しかし、その伝統にあっても、「私の死」を直接に「神の裁き」とは呼ばないで、「罪によって神から離れた魂は、肉体を治める能力を失い、その結果として魂が肉体を分離するのが死だ」という説明をしている。それは確かに「死」を「罪の結果」としているが、その切実さはない。

宗教改革者ルターはこうした伝統の中で、ある意味、最も深く「私の死」の問題に取り組んだ一人といえる。それは、ルターが「自分の死」を神様との直接的な関係の中で見ているからだ。つまり、ルターによるならば、「私の死」は第一に「神の怒り」として理解される。肉体からの魂の分離、つまり、いわゆる肉体の死は、死の本当の姿の影にすぎない。死の本来の姿とは、私の罪に対する神様の怒りであり、裁きなのだ。つまり、神様との人格的な関係の中で、そして「私の罪」との関わりの中で、死の問題が問われている。それはあくまでも「私」の問題なのだ。消えてしまう存在にすぎない「私」ではなくて、裁かれるべき「私」の問題を見据えている。神様の前に私の存在は、ゼロではなくマイナスなのだ。そんな「私」の存在こそ、実は私の深い嘆きの源である。だから、この問題は私の「死」によっては解決しない。神が裁きたもうのだ。

しかし、神様は裁くだけのお方ではない。「私」を裁くことに増して、愛してくださる。それがイエス様の十字架の愛の御業に他ならない。どうしようもない「私」が、かけがえのない「私」として愛され、生かされる。それが十字架を通して与えられる「赦し」の奇跡なのだ。私たちはこの赦しの中でこそ、「私の死」に対する救いと慰めを与えられるのではないだろうか。もし、私たちがこの「赦し」を知らないなら、たとえ肉体は生きていても、恐れと不安、また悲しみと嘆きの中で、喜びのないものとならざるを得ないだろう。

キリストによる救いは、キリストとの一致によって

「死」を考える時、私たちは本当に「私」の問題に気づかされる。そして、その「私の問題」は、私が死によって消えゆくことでは解決されない問題なのだ。私たちが本当に赦され、「私の死」が克服されなければならない。「私」が愛されていること、「私」の存在に意味があることを、キリストの十字架と復活の出来事において知らされなければならない。私たちは、自分がやがて消えゆく虚しいものと思って、なお今を生き抜くことはできないからだ。

ルターはもう一つ大事なことをいっている。すなわち、私たちはこのキリストの十字架の恵みを、ただ自分自身の苦難と十字架を通してのみ受け取ることができるというのだ。それは自分のためではなく、他者のために生きること、神様を証しすること、その苦しみの中でこそキリストを受け取っていくことになるというのである。キリストと一つになること。しかしそれは、具体的な信仰の生活の中で神様から私たちに与えられることだ。そしておそらく、自分の意図に反してさえも与えられるのだ。

そうしたキリスト者としての信仰の歩みを通して、私たちは実際にキリストの恵みにあずかり、「私の死」を克服するのである。つまり、自分に死んで、キリストに生きることが私たちに実現されていくのだ。

実際の「死」を迎えて

私たちが信仰にあって死を迎える時、その「死」はもはや私たちを滅ぼす力ではない。だから、その死は「眠り」に例えられる。私たちが朝起きた時、眠っていた時間を知らないように、この眠りとしての死から私たちは復活のいのちに覚めるのだ。そして、目覚めた時には天の祝宴が用意されている。信仰にある時、私たちの死はもはや不安や恐れの中にはない。そのような死を死ぬことは「祝福された死」だ。

ルターは、こうした「祝福された死」を死ぬために、目前に死が迫ったなら、「死」そのものを見ず、キリストを見るようにと具体的に勧めている。「祝福された死」は私たち自身によるものではなく、キリストが分かち与えてくださるものだからだ。

それでは、その眠りの間、私たちはどこにいるのだろうか。私たちは、それがどこかを知らない。ただ、神の言葉に休んでいるということがいえる。そうであれば、私たちはキリストを証しする神の言葉とともに、死んでも生き、働くものであるかもしれない。実際、すべての聖徒はキリストと共にいつでも慰めを人々に運んでいるといわれる。死んで「証人」に加えられるということは、まさにそうした意味であると思う。

私たちは、あの罪人と共に「あなたはきょう、わたしと一緒にパラダイスにいるであろう」(ルカ二三・四三)と約束されて死を迎える。それは、キリストと共にある永遠のいのちの約束なのである。

21　キリスト者の死生観Ⅲ

キリストと共に

どんなに信仰があっても、誰も死を逃れることはできない。しかし、どのようにこの死を生き抜くか、そこにこそ信仰の働くところがあるといっていいだろう。死を避けるのではなく、確実にやって来る死を克服する信仰は、死が私たちにとって最後的な言葉ではないことを知っているのだ。キリスト教は、私たちが死を克服するのはキリストの十字架の死と復活にのみよることを伝えてきた。だから、私たちは死を考えることに増して、このキリストの十字架と復活の出来事に出遭い、生かされるということが肝心なのだ。それは、具体的に礼拝を中心とする信仰の生活の中で与えられてくる出来事である。

私たちの信仰生活は、洗礼によって始められる。洗礼は、キリストと共に死に、キリストと共に復活のいのちにあずかることだといわれる（ローマ六・四）。ルターは『小教理問答』において、洗礼は一回限りだが、その霊的意味は私たちの日々の悔い改めとともに与えられ、終わりの時、あるいは私たちの肉の死によって完成されると教えている。私たちが実際に罪に死んで復活のいのちに結ばれて生きるようになるのは、御国の完成の時まで待たねばならないが、むしろ私たちは、自分の今の現実にもかかわらず、神様の御業に生かされていく希望を持つことが許されていると知りたいのだ。

また、聖餐において私たちはキリストの体と血をいただき、主と一つとされて生かされる。同時に、御国の祝宴を先取りしつつ、生きている者も、すでに主に召された者も、共に主によって豊かに祝福された交わりにあることを私たちは知るのだ。

そして、語られる御言葉によって私たちがキリストに導かれ、癒され、慰められ、キリストと共に生かされる出来事の中で、「わたしを信じる者は、死んでも生きる」（ヨハネ一一・二五）といわれるような信仰のいのちへと私たちは招かれているのである。

死への備え

実際に死を迎える時、何よりも自分のあずかった礼典に立ち返り、そこから慰めを得るようにとルターは教える。私たちは自分の信仰の確かさに立つことはできないからだ。ただ、神様の御業に信頼することとしかない。キリストは死に対して勝利されたのだから、私たちもその勝利にあずかることが約束されているのだ。しかし同時に、キリストはご自身の受難と死に対してどこまでも従順であられた。キリストの勝利はこの従順な姿の中に、そしてまったく望みの見えないことの中に隠されていたのだ。神様の御業への信頼は、まさに勝利への確信と、また徹底した従順さにおいて、死を克服する力となる。

椎名麟三は洗礼を受けた時、「これで自分は、死にたくない、死にたくないと、じたばたして死んでいってもいいことになった」といったといわれる。つまり私たちは、自分が必ずしも強く雄々しくある必要はないのだ。すべては神様が引き受けてくださっているのだから、どんな自分もありのままで神様に委ねてよいというのが、キリストに信頼することなのである。

具体的には、いつその時が来るか分からないから、準備のしようがないかもしれないが、逆に、いつでもその時が来るものだと備え、御言葉を聞いていくことが大事である。ルーテル教会が今の式文の最後に歌うシメオンの賛歌は、その礼拝で御言葉を受け主の救いを見た私は、いつでもこの世を去っていくことができるという信仰の告白を表している。そして、同じ賛歌が葬儀においても歌われる。つまり、毎週の礼拝において私たちは終わりの時への備えを与えられているということでもあるのだ。

もし、病気や体の状態などから、「その時」を近くに感ずることがあれば、特別に注意しておかなければならないこともある。この世のことをきちんと整理しておくこともその一つだ。また、とりわけ牧師や教会員とのつながりは大切である。家族や近しい者には普段から、「もしもの時」にはどうするかを伝えられるように工夫しておくとよいと思う。教会はまた、いつでも祈りと実際的な手立てとをもってその時に適切に対応するのである。

葬儀がキリスト教式で行われなければ救われないなどということはない。救いについては、本人と神様との関係の問題であり、最終的には神様に委ねる以外にはない。だから、葬儀の形式にこだわる必要はないが、キリスト教式で行われる時には、特に信仰を持たない人々にも慰めと希望が分かち合われるよう、具体的な配慮も必要であろう。信仰においては不必要に思われることでも、キリスト教の信仰があいまいにならない限り、キリスト教的な方法に変えたり、説明を加えたりして、できることは大胆に取り入れてもよいと思う。献花は焼香に代わるものとして日本のキリスト教葬儀の中に定着しており、弔辞に代わって故人の思い出を話したり、遺族に対する感謝や慰めを語ったりすることも一般的になっている。

異なる信仰の下にある時

日本においてのいちばんの問題は、信仰を持たないで亡くなった家族についての問題だ。信じるための機会が得られなかった者についてはもちろん、チャンスはあっても、受け入れられないままにその生涯を終える者もいる。いったい、その人たちは救われないのだろうか。

キリスト教は、「信じて洗礼を受ける者は救われる」（マルコ一六・一六）と教えている。逆に、すべての人が等しく救いにあずかるとは無条件に教えられていない。キリストによる救いをゆるがせにすることもない。それらはしかし、信じることによる救いへの強い招きの性格を表しているのだ。神は一人の滅びも望まれない（二ペテロ三・九）。

また、すでに世を去った者についての救いを語る時に、その「救い」とはどういうことが考えられているかも問題の一つだ。キリストにある救いは、信じる者に生きることへの勇気と希望を与え続けるものである。その希望は、死によっても打ち砕かれることのない希望なのだ。

死んだ者の救いについては、神様に委ねる以外にない。その救いは、終末の時、つまり神の国の完成の時に知らされるのだ。私たちに確かなことは、イエス・キリストによる救いの約束のみである。

ただ、イエス様が絶えず心を配ってくださるのは、救いから遠いと考えられていた人々である。つまり、罪人の救いこそが福音なのだから、私たちは信じることなく世を去った人々の救いを安易に語ることは控えなければならないが、これを積極的に退けることも正しいとはいえないだろう。教会がキリストの体であるのであれば、この体はどういう人々のところへと出て行き、誰に救いの喜びをもたらすのか。そういう脈絡の中で、亡くなった人々についても考えていきたいものだ。

具体的には、異なる信仰の下にあった人々についてもキリストのとりなしを信じ祈りつつ、その人を通して与えられた神様の恵みを教会的脈絡の中に位置づけることも考えてよいように思われる。何を信じていてもよいというのではなく、どんな私たちであっても神様は恵みと愛をもって招いてくださることを示したいものだ。また、他宗教に対する寛容と敬意を表すことは、自らの信仰を証しすることにもなる。

神の国を証しして

私たちが自分の死をいかに克服し、喜びと希望に生かされるかは、私の救いの問題だ。しかしこの福音は、主イエス・キリストの罪と死と悪魔に対する戦いを共に戦い、その勝利にあずかることでもある。つまり、これは私の救いであると同時に、この世に与えられる救いの出来事と切り離して考えることはできないのである。

だから私たちは、自らの罪に死に、キリストの復活のいのちに生かされつつ、来るべき神の国を証しし、正義と公正、また平和を求め祈り、その喜びを分かち合うよう求められているのだ。そのようにして、他者の死について私たちが心を砕くことこそ、キリストのいのちを生きる信仰者の働きなのである。

22 桜とゆり――日本的死生観とルターの死と復活の理解

一

ルターは落雷に死の恐怖を憶え、修道士となる決心をしたと伝えられるが、ルターの信仰とその神学にとって死の問題はことのほか大きな課題であったといってよい。ペストや飢饉が日常的に人のいのちを奪っていった中世末期には、「アルス・モリエンディ」と呼ばれる、死を迎えるための信仰の教えといったものがよく読まれていた。ルターもまた、死に瀕する人々のために祈り、説教を作ることを数多く経験する。そして、ルター自身も怪我や病気の経験から死を身近なものとして考えなければならなかったし、また、晩年近くになっていたが、自分の愛する娘マグダレナを一四歳の若さで失うという経験をしている。もちろん、ルターはそうした死の問題の切実さの只中で、キリストにおける救いの確かさによって生きる信仰を表した。そして、その信仰の要が「信仰義認の教え」として宗教改革の道を開いたわけだが、ルター自身にとっていちばん大きな問題は、「死の問題」であったといえるのである。

そうであれば、今日私たちは改めてルターの信仰に学び、私たちの「生と死の問題」に取り組むことは決して無駄なことではない。しかし、その時私たちは、日本という独自の宗教的・文化的土壌を持った場所で宣教の課題を担い、また一人ひとりがキリスト者として生きるのであってみれば、当然ルターその人とは違ったものをこの取り組みの中で考えていかなければならない。つまり、日本人はこの死の問題の中で、キリスト教的な救いとは別のかたちで救いを求めてきたわけであるから、そうした日本人の宗教的な求めとの関わりの中で問題を考えざるを得ないということである。

その場合、次のような問題を考える必要がある。第一に、日本人はどのように死の問題を考え、その救いをどのようなかたちで求めてきたのか。第二に、その日本的な求めにキリスト教は答えるものがあるのか。三番目には、その日本的な救いにキリスト教は何を逆に問いかけるのかである。私たちにとってキリストの福音は変わることはないが、その理解については、こうした宗教的・文化的・歴史的なチャレンジを受ける中でより豊かなものとなるといえるだろう。

それでは、日本人が死の問題をどのような宗教性において捉えてきたと考えられるだろう。日本人の宗教性そのものの複雑さを思う時に、この取り組みは容易ではない。丸山真男にいわしめれば、雑居的である日本の思想的状況の中で、たとえば神道も仏教もまた他の諸々の日本の宗教・民間信仰も、それこそありとあらゆる考え方を内に抱え込んでいる。その中で、何をもって日本人の死生観といいうるだろうか。

そこで問題を見ていくために、実際に私たちが経験するところから二つの日本の宗教性を抜き出してみた。一つは、自然を愛し、これに親しむ自然志向型の宗教性であり、いま一つは、家をはじめとした日本的な共同体志向型の宗教性である。この二つの線で日本人の死生観を見る時、「桜」というシンボルを取り上げたい。ただ、この桜は、「ぱっと咲いてぱっと散る」といった潔い大和魂の象徴として、日本人の死生観と重ねるのは早計である。後で述べるように、そのイメージは明治以降、天皇と国家のためにいのちを捨てる日本人というイデオロギーによって作り上げられた新しいものだからである。それでも、実はシンボルとしての桜そのものは、かなり古くから日本人の魂に深く根づいてきた死生観そのものを表すものといってよい。

「桜」という強いシンボルに対して、キリスト教の信仰から来るシンボルは何だろうか。

ルターの信仰の中心がキリストの死と復活にあるとするならば、復活のシンボル「ゆり」を見逃すことはできない。冬の永い眠りの後、地中の堅い球根から新しいいのちを見せるありようは復活の象徴。白い花の色はキリストの純潔。花びらを正面から見た形はダビデの星。花の中央にあるめしべの先には三位一体のしるし。そして、その全体は終末の時のラッパの形。イースターに用いられ、葬儀や記念会には必ず用いられるこのゆりの花は復活の希望を表す。

「桜」と「ゆり」の対比の中で、日本人の死生観とキリスト教の信仰との出遭いを探りたいのである。

二

ねがわくは花のもとにて春死なむ
　そのきさらぎの望月のころ

西行（一一一八—一一九〇）は自らの生死《しょうじ》を、伝説による仏陀の入滅と重ねてこのように詠ったという。そして実際に、その季節に美しい桜の花の下で生涯を終えたといわれるわけだが、この歌とその他の多くの歌からも、西行がいかに桜と自然を愛したかはよく知られるところである。西行の仏教信仰は、日本の自然志向型霊性のもとにあるといえよう。

西行の愛した桜はもちろん、今日のようなソメイヨシノではなく山桜であるが、この「桜」ほど日本人に愛され、また大事に思われてきた花はないかもしれない。その年の豊作を占う春の「国見儀礼」では、古代の天皇は御所からわざわざ山桜を見に吉野に出かけたのである。今日の「お花見」の起源はそこにある。古来村々では、「山の神」が「田の神」として田を守り豊作を導くために降ってくるのは、あの桜とともにやって来ると信じられた。お花見の始まりは、その様子にその年の実りを占い、これを祝ったことにあるのだろう。稲作の祭祀を司る天皇の仕事だったわけだ。そして、その「山の神」はといえば、死者の霊が祖霊となって山に留まり祭られる神と結びつく。つまり、死んだ者の霊は、山(自然)に還り行き、「山の神」となり、また「田の神」となって実りとともに人々のいのちを祝福する。

四季の豊かな風土に生きる日本人は、いのちの豊かさも、そしていのちの終わりゆく姿も、その大きな循環の中に委ねてきた。水の豊かさが美しい日本の自然を支えているのだが、その水の流れによって日本人はいのちを享受してきたのである。そうした大きないのちの流れに、桜の花の美しさを重ねて見ている。ここに日本人の自然指向型の霊性と死生観がよく表れている。

同じ桜が、万葉集一六巻には次のような二首にも歌われている。

春さらばかざしにせむとわが思ひし櫻の花は散りにけるかも
妹が名に懸けたる櫻花咲かば常にや恋ひむいや年にはに

櫻児という女性を愛した二人の男性が詠んだものである。その二人はもともと親友であったわけだが、この恋のために死を賭けて相争うことになってしまった。そのことを苦しんだ櫻児は、自分が死んでこの二人の争いを終わらせる。彼女を偲ぶ二人の歌である。「和」を重んじ、そのために自己は犠牲になる、その切なさと悲しさを含んだ美しさを愛でるのが、日本的精神性といえようか。

時代が下っても、その共同体における和を重んじる美意識は、儒教的精神によって強化され、「花は桜木、人は武士」という忠臣蔵の世界に通じていくのである。主君の汚名を晴らすことこそ、一族の共同体に求められる美しい忠義の精神であり、そのためには御法度とされた仇討ちによって切腹必定も辞さない。滅私奉公にも通じる共同体中心の死生観といえようか。そうした精神性を巧みに国家が利用したのが、明治期の「忠魂碑の桜」であり、昭和の「同期の桜」である。すでに崩壊過程にあった日本の「家」を国家規模に広げて、臣民を天皇の赤子としたのだ。桜の美意識は日本の共同体志向の霊性、すなわち、お家のため、お国のために自己を犠牲とする精神性の象徴ともなっているわけである。日本人の死生観は、この共同体志向の霊性、宗教性を大きな柱としている。死んだ個人を大事に祭るのも、その個人よりも家共同体全体を重んじる心と併せて考えなければならない。

さて、こうした日本的な霊性、宗教性は、個人の生の主張よりも、自然と共に生き、また共同体全体を大切にする心があるといえようか。しかし逆に、個人のいのちの尊厳が見失われたり、その人の諸々の罪や悪の問題が水に流されたりしてしまう危険もある。

こうした日本的心から見ると、キリスト教はしばしば、自然を人間の支配の対象としているとか、あまりに個人主義的だと批判される。信じる者だけの救いを語る、人間中心、個人中心の教えではないかという批判である。しかし、それはあまりにも的外れな理解だといわなければならない。

イエス様が「空の鳥、野のゆりを見よ」といわれたように、神様の御業の中にすべてのいのちが置かれていることを感謝と賛美の光の下で教えられているのであって、決して、自然は人間の搾取対象であるという考えはない。むしろ、自然も人間もただ神様の栄光を現すべきものなのである。そして、神様の造られた被造物を「耕し」て、私たちは生きることを許されているが、同時に、これを「守る」ことも人間に託されている。また、「白いゆり」をシンボルとする復活のいのち、永遠のいのちは、キリストと共に「神様と隣人に仕える」ために生きる信仰者のありようを示すのであって、個人主義ではあり得ない。

そして何よりも、一人ひとりのいのち、その生きる意味を大きな神様の計画と愛のうちに見ていくのが、キリスト教の死と復活の理解である。私たちは、「死」そのものは決して救いではないこと、また問題の解決にはならないことを知らなければならないのではないだろうか。

三

死についてのキリスト教の理解は、およそ次の二つに代表されるといってよい。

第一の理解は、死を人間の有限性のしるしとして見る理解である。「霊魂不滅」という考えはギリシャ思想から出てくるのであって、キリスト教において無条件に主張されることはない。永遠なる者はただ神のみなのだ。人間は生まれ、そして死ぬべき有限な存在でしかない。その意味でいえば、死は人間にとって特別な出来事ではなく、至極当然で自然なことということになる。「塵にすぎないお前は塵に返る」（創世記三・一九）という言葉は、罪に対する刑罰としての死を語るよりも、まさにこの人間の有限性を意味している。これが聖書における「自然死」の理解である。

もう一つの理解は、死を人間の罪の結果として見る。堕罪によって罪と死が世に入り込み、人間は死ぬべき存在になったというのだ。「罪の支払う報酬は死」（ローマ六・二三）というパウロの言葉がこの理解を代表する。

つまり聖書には、人間は有限な存在として、創造の初めから死ぬべきものと考える考えと、堕罪によって初めて死がやって来たとする二つの理解が見出されるわけだ。ところが、アウグスチヌス以後の西方教会の伝統においては、その解釈は多様であるにせよ、一貫して「自然死」の理解を退け、「死は罪の値」とする理解をとってきた。それゆえに、西方教会において永遠のいのちに至る「救い」とは、ただ「罪の赦し」を通してのみ与えられるのである。

ルターは、この西方教会の伝統に立って死を罪の値と見るが、その特徴は、この人間の死は、神の直接的な「怒り」として理解されるところにある。他の動物は、有限な被造物として定められた時に死ぬ。しかし、人間の死は神の怒り、神の裁きであるがゆえに恐ろしい。いや、ルターにとっては神の怒りこそが自分の死なのであって、その怒りの下にあるならば、たとえ肉体的に生きていても死んでいるのと同じなのである。つまり、ルターは人間の生死の問題を霊的な神関係の中で捉えるのである。神との正しい関係がなければ死んでいるのだし、その関係が確かであれば、「たとえ死んでも生きる」という「いのち」に結ばれている。人間の罪に対して向けられた神の怒りこそが死の現実なのである。

さて、ルターはこれとは別に、死はサタンによってもたらされたものであり、キリストに対する「最後の敵」（一コリント一五・二六）としている。人間は本来、神と正しい関係に結ばれて生きるいのちに向けて創造された。その神の御旨に逆らうことこそ人間の罪に他ならないが、それはまた同時に悪魔の仕業でもある。死とは、人間を神から引き離し、自らの支配のもとに置こうとする悪魔的な諸力の一つであって、神ご自身がこれと戦っておられるのである。

つまり、ルターは死を神の業としての「神の怒り」と理解しながら、また同時に神に敵対する悪魔的諸力の中の「最後の敵」としても見ているのである。この二つの理解は、まったく異なる見方であるけれども、ルターはその克服においては共通するキリストの働きを見ている。それがキリストの十字架と復活である。

神の怒りは、人間のいかなる働きによっても取り除くことも、逃れることも、これを鎮めることもできない。ただ、キリストの十字架だけがこれをよくする。キリストは私のために呪いとなり、十字架の死において神の怒りの業に死に、また、復活において神の愛の業を示す。信じる者は、洗礼によってこのキリストの死と復活の出来事に結ばれて、主と共に裁かれ、新たに生かされるのである。そして、最後の敵を滅ぼすのもまた、キリストの十字架を通しての戦いなのである。キリストは自ら死の只中に入り、これを打ち滅ぼされて復活されたのである。死はもはやキリストに結ばれた者にはいかなる力を持たず、最後的な言葉ではなくなった。

それゆえ、キリストの十字架と復活は、私たちを「死からいのちへ」と導く救いの道である。そして、それは単に私の罪の赦しという個人的・人格的な脈絡の内にあるのみではなく、この世の悪、罪と死と悪魔の諸々の力に対する神の勝利の脈絡の中で望み見られる希望の道なのだ。キリストの勝利はすでにあるが、終わりの時に完成される。それまでは、キリストの復活があるのみで、すべての者の復活のいのちはこのキリストに隠されている。この終末論的救いの恵みと望みが、復活の白いゆりの象徴するところなのである。

四

「日本人の桜好き」は世界的にも有名であるし、実際、その季節になると毎日のニュースが全国の開花の様子を伝えている。自然を愛でる日本人の心情を今日最も典型的に表すものといえよう。その心情は、単なる愛好ということではなく、むしろ、その自然の中に溶け込みつつ自らを大きないのちの流れの中に委ねようという日本的な死生観と結びつく。数年前にベストセラーになった五木寛之の『大河の一滴』は、そうした日本人の死生観を端的に示した一例であろう。あるいは、『葉っぱのフレディー』や「千の風になって」なども、日本的自然志向型の死生観を背景にして愛されている。また、昨今は伝統的な「家のお墓」に埋葬されるより、山や森の中への自然葬を望むようになってきている。かつてのような「家」を中心とした社会ではなくなったということや、お墓を持ち続けることの経済的な問題などがその背景にあろうことは間違いないが、自然へ還りたいという思いはむしろ日本人の昔からの心情だといってよいのかもしれない。

それでは、日本人は本当に自然の中にその魂を還すことで安らぎを得、また救われるのだろうか。

行き暮れて木の下陰を宿とせば
花や今宵の主ならまし

歌人として多くの歌を残した平忠度《たいらのただのり》が、源氏方に追われ、一の谷で果てていく直前に詠った歌である。自らを守るためには親兄弟であっても互いに相争うような場合もある戦国の世にあって、もはや身を寄せる場所はこの世の誰のところにも見出せない。ついに行き着いたところは、鮮やかに咲く桜の木の下であった。今生の別れともなろう今宵、自分を無条件に迎えてくれる家の主は咲き誇る花であったと詠う忠度の心を思うと、切なくもあり、またそこに最期の救いを見出す日本的美意識を感じさせる。

しかし、この歌をめぐって後に著された世阿弥の「忠度」は、日本人の救いについての思いに重大な問いかけをしている。能楽「忠度」では、無念にもこの桜の下にいのちを寄せた忠度が幽霊となって現れるのである。忠度のこの歌は伝えられ、藤原俊成によって千載和歌集に収められることになった。しかし、かつての平家の名を歌集に載せるわけにもいかず、読み人知らずとされたが、歌人としての自負のあった忠度の魂は、どうしてもその名を遺したいと幽霊になって訴えるのである。この物語の最後は、彼の名が記されるところとなり、彼の魂はまた桜の木の陰に安らぎを得て還っていくというものである。とすれば、まさに桜は魂の安らぐ場ということになろうが、そこにはしかし一つの条件がついている。忠度は自分がどのように生きた者であるか、自分の歌人としての名前を遺すことを求めたのである。つまり、ただ自然の中に還るというのでは安らぐことはできない魂の問題がある。それは、歴史的な人格として生きる人間の魂が、そのかけがえのない自分の存在を虚しくされることには耐え得ないという思いではないだろうか。

日本人が自然の中に還る宗教性を持っているにせよ、そして、どれほどこの自然なるものが魂を無条件に抱擁してくれるかに見えても、そこに本当の安らぎを得ることができないのは、人間には歴史的人格としての魂があるからではないだろうか。あるいは、この人間の深い渇望を人間の業と呼び、その業からの解脱を望む仏教的な救いがあるといわれるのかもしれない。しかし、日本人はこの世からの解脱の宗教に救いを求めるよりも、この世の生そのものを積極的に享受してきた。日本人はこの世の生の無常なることを知りつつも、なおそれに対し肯定的な心情を持ってもいるのである。

そうであればこそ、日本人には、自然そのものが答えようのない歴史的・人格的生に対する慰めを語る声が必要なのではないだろうか。

キリスト教は、永遠の中に安らう魂のみの救いを語るのではなく、体の復活の信仰（ゆり）を告白する。それは、神による創造の肯定とも結びつきつつ、この世における一つひとつのいのちの営みをかけがえのないものとして慈しむ神の愛による救いを伝えるのである。私たち一人ひとりの名を呼び、いのちへと呼び出される神の御言葉は、私たちを決して虚しくはしないのである。

五

ある調査によれば、今の日本では仏壇がない家は六割を超え、特にマンションなどの集合住宅では八割にものぼるという。かつては、大きな家に何世代も一緒に生活し、誕生も死も日常の家族の生活の中に経験されていたのだが、現代の核家族の小さな家では、看取ることもないし、死者を祭ることもない。

共同体志向型の死生観が最も顕著に表れるのは、死者が仏壇においてその家族の中に生き続けることにあったといってもよいだろう。遺された者は、死者の霊に食事を供えるし、また、話しかけるのが日常だ。死者は、いなくなったのではなく、見えないけれども、その家の中に生き続ける。死者は、少なくとも一定の期間、生前に属した共同体の中に留まっているというのが、共同体志向型の死生観の特徴だろう。

それほど、個人よりも共同体のつながりを大切にする日本的な精神性は、自分の救いへの関心よりも、たとえば信仰を持たないで亡くなった家族に対する救いへの関心を強くするといってもよい。「お墓を守る」という象徴的な言葉が、日本のキリスト教宣教に大きな足かせになっている現実は、実はより深いところでこの共同体志向型の霊性が働いているともいえるのだ。

中世西欧のキリスト教は、もしかしたら日本的「家の宗教」のような存在になっていて、個人の自覚的・主体的信仰ということはあまり問題になっていなかったかもしれない。むしろ日本人が先祖を供養するように、その死者の鎮魂を願い、神様へのとりなしとそれに益する功績を生み出す「私誦ミサ」と、さらにはいわゆる「免罪符」と呼ばれた「贖宥券」などが一般に受け入れられていたのだ。死んだおじいちゃんやおばあちゃんの魂が煉獄の苦しみから天国に逃れられることを望んだ人々の心が、こうした教会の教えを喜んで聞いていたといえる。

ルターの宗教改革は、そうした中世の教会のあり方に反対をしたわけだから、信仰は個人個人のものであり、その人の救いはひとえにその人自身の神様との関係の中で考えられるべきというのが基本だといってよいだろう。私たちは、誰かの代わりに生きることも、死ぬこともできないのだから、その生前の信仰こそがその人の救いを約束する。そうした個人の信仰的実存の発見にこそ、ルターの神学は裏づけられているといえなくもない。

けれども、ルターの信仰はその個人を中心にしてあるわけではない。そうではなくて、罪人を救う神の御業、もっといえば、キリストの受難と十字架にこそ中心がある。ルターの神学に立つならば、立派で熱心な信仰者が救われるのではない。たとえ立派そうに見えても、その真の姿は罪人でしかない人間を、神が決して見捨てることなく、救いをもたらしてくださるというキリストの約束があるだけなのだ。この罪人の救いのためにキリストは私たちのもとにおいでになったのだし、十字架を生きられたのだ。神に見捨てられた死を死なれることで、私たちを愛し、新しく生かしてくださる。そのキリストへの信頼が、その人自身が絶望の中に希望を、死の中にいのちを見出す信仰となると教える。

だから、私が救われ、あの人が救われないなどという区別を勝手に私たちが判断するところに、そもそも問題がある。私もあの人も、信仰に弱く、罪人でしかないにもかかわらず、ただキリストだけがその一人ひとりを必ず救い、生かしてくださる。その死にあっても、見捨てられることのない永遠のいのちへ希望を持つことができる。その根拠は、ただキリストにのみある。だからこそ、このキリストに委ねることだけが、私たちと他者を結ぶのだと教えるだろう。そして、生きている者も死んだ者も、この主において苦難も悲しみも嘆きもとりなされ、また、それだからこそ、自分たちのすべてを分かち合うように聖徒の交わりに生かされている。ルター的信仰は、決して死者を忘れるような個人主義ではない。

かつて、靖国の桜に魂が憩うと教えながら、戦争へと駆り立て、人々に国のために死ぬことを求めることにもつながった日本的な共同体志向型の宗教性の問題を思う時、復活のゆりの希望を持って、他者の生のために仕えるいのちへと生かされ、あの死者たちの死に至ることとなった苦難を憶えつつ、二度とそれを繰り返すことのない平和の実現へと生きる信仰を確認したいのだ。

23 天童荒太『悼む人』を読む

――現代の死と生を捉える、宗教的次元との邂逅

この小説は二〇〇九年に直木賞を受賞し、二〇一二年には舞台で公演され、二〇一五年には映画化された作品だ。「悼み」を生きる主人公を描き、死を題材にする奇抜な小説だが、描かれる「死」の問題に、現代の「生」が浮き彫りにされてくる。

作者の天童荒太氏は、「死と生」の問題に真向かう真摯な姿勢をもって、おそらくは徹底した取材を重ねながら（そして伺ったところでは、ご自身が「悼む人」を生きられて）、書き込まれたものだと思う。その迫力の筆遣いに、読む者はぐいぐいと引き込まれてしまう。

その問題意識

主人公は、「悼む人」と呼ばれる青年、坂築静人《さかづきしずと》。彼は、日本全国を旅して歩き、死者を記念し憶える「悼み」の儀式を繰り返す。毎日、ニュースや新聞で報じられる死亡欄を記録し、事故や事件も含めて、その人の亡くなった場所へ赴き、「悼み」を行う。宗教ではないという。それは、彼特有の所作をもって死者を憶えるという何とも奇妙な行動としてしか書くことができないが、他人からはさまざまに見られ、また言われることになる。しかし、静人はそうしないではいられなくなった。そうして生きると決めたのだ。

きっかけは、静人の親友の突然の死、というよりも、その親友の死を忘れないと誓った静人自身が大切な命日を忘れてしまったという失態にあるといったほうがよいか。静人がまだ医療機器メーカーに勤めていたころ、その大の親友は優秀で将来を嘱望される医者だった。親友の死という深い喪失感。静人にとっては決して忘れるはずのない彼の命日だったのに、ある日、その日を忘れてやり過ごしてしまったのだ。罪責意識を抱えてひどく落ち込んだ彼は、家路につき、家のごく近くのガードレールに花が供えてあるのを発見する。こんなに身近なところで交通事故で人が亡くなっているのに、それに気づかずに過ごしていることに驚きつつ、思い返すと、祖父やクラスメートなど身近な人の「死」にどれほど自分は無関心に生きてきたのかと気づかされる。

人は他人の死を、それがたとえ家族であっても、親友であっても、忘れていくのである。

そのことに思い至った静人は、誰か一人くらいはその死者を忘れずに憶えていく者がいてもいいのではないかと、「悼む人」になる。

この主人公を描き出すところに、おそらく筆者である天童氏の深い問題意識がある。つまり、現代社会は死を忌み嫌うという以上に、死者を忘れるようにして、生者だけの世界を築き上げているようなのだ。それは確かに生きている者のために合理的であるように見えるが、しかし、それで本当によいのかという問いかけがこの作品の根底にある。

少なくとも日本の文化・社会は、伝統的には、世界が生者だけのものではなく、死者もまた共に生きる世界であったし、死者は決して簡単に忘れ去られることのない存在であった。仏壇や神棚の上であっても、死んだおじいちゃんもおばあちゃんも家族の中に共にあって、毎日の食事が供えられ、報告が祈られる。そうして、死者も生者も共にある世界の中で、私たちは自分たちの人生の終わりを思い、死んでも家族に憶えてもらえる「家」を、自分の死が受容される場として見ることができたに違いない。

ところが現代社会は、そうした死者も生者も共に生きる伝統的世界を放棄してしまっているのだ。葬儀はなるべく簡単にし、七日ごとの法要も一回の葬儀告別式の中に組み込まれているのが普通になっている。かつては喪として、社会の諸々のことから離れて過ごし、死者を死者とし、遺された者は確かにもう一度生者の世界に生きるよう再統合されていくために特別の期間が設けられていたのだが、今日はそういうことをあまり重要視しない。葬儀そのものさえ「不要論」が説かれるほどだ。死者のためには、時間もお金もかけることをしない。世の流れは、死者のための一切を切り捨てて、生者のために合理的に、非宗教的に事柄を処理していこうとする。

死者を軽んじる世界は、実は生者を軽んじる世界ではないのか。死んだ者をあっさりと忘れて、生きている者のみを考える世界は、生きている者に優しい世界かというと、それは巡り巡って自分の生のゆくえを見えなくさせるので、結局、生きていくことを虚しくするのだ。

「悼む人」を描き出した天童氏には、死者忘却の文化・世界の現実主義と合理主義が実は人間の生そのものを虚無化するのではないかという問題意識があるように思えてならない。

その人をその人として

この「悼む人」である坂築静人が、「悼み」の旅で出逢い、関わる人々との間に、さまざまな人生を浮き彫りにするドラマを見せていく。

「悼み」は、静人が死者を憶えるものであって、誰のためにということはない。静人以外に彼の「悼み」を知る者がいなくても関係ないのだ。だから、彼は誰に関わることなく「悼み」を行うことができる。けれども、静人の「悼み」の実践にはいくつかの特徴がある。その一つは、静人は、その人を悼み、憶えるために、可能な限り、その場所の近辺で亡くなった人を知っている人たちに聞き取りをするのだ。そこで静人はいろいろな人と出逢い、「死」をめぐる複雑な人間模様を見聞きすることになる。現代における「死」が描き出されるのだが、逆に「生」そのものが浮き彫りになるといってもよいだろう。事件や事故の背後には、現代社会のさまざまな問題が隠されている。

死者を忘れていく世界の中で、忘れられない思いを抱いている人たちがいる。しかし、そうした「死者」を忘れられない思いでたたずみ、その思いを抱きしめていることは、必ずしもこの社会では肯定されていない。たとえば、いじめによってもたらされた「死」では、真実が隠され、「死者」の無念より「生者」の都合が優先する。被害者の過去となった「生」よりも、加害者の未来の「生」が優先する。だから、死者は忘れられなければならないとされるのだ。そんな現実も目の当たりにさせられる。死者を忘れ、何ごともなかったかのように同じ日常を回復するよう駆り立てられ、励まされる。それが常識となっている世界なのだ。その常識に抗して、その「死者」を憶える「悼み」をする静人には、さまざまな疑いもかけられ、気味悪がられる。

しかし、逆にその死者の家族からは、時にその大切な人の生の証しを求めて、「あなただけでも知っていてほしい、憶えていてほしい」と求められることもある。確かに生きた我が子の生が、死後、時間とともに忘れられていくことの虚しさに、親は耐えられない。生者の論理で隠された真実を、この一人の生の無念を、誰かには理解しておいてほしい。そういう願いがある。

静人の「悼み」のもう一つの特徴は、その聞き取り原則があるということだ。まず静人は、その死がどのような死に方であるかということを聞かないことにしている。人は死の悲惨さを語りたいものだ。けれど、そうやって次々に起こる悲惨な死に耳を傾けていると、聞いているほうの身が持たない。それほどまでに痛ましい死があふれている。その代わり、静人はただ三つのことのみを彼の「悼み」のために尋ねて回るのだ。その人が、「誰を愛したか、誰に愛されたか、何をして、誰に感謝されたか」。

静人は死者の家族構成や社会背景をあらかじめ知っているわけではないから、聞き取りをしていても、必ずしもすぐにそのことを知っている人と会えるとは限らない。それでも、彼はわずかな情報でも集めて、その人の生そのものを憶えようとする。死の悲惨さではなく、生きていた時の何気ない日常を探すのだ。その日常の営みの中で「誰を愛し、誰に愛され、何をして、誰に感謝されたか」と尋ねる。ところが、こうした問いかけを前にして、死者をよく知っているつもりの人たちもみな立ち止まる。名前を知っていて、一緒に働いたり、寝食を共にしたりしていても、この単純な三つの問いへの答えをすぐには思い出せない。

「誰を愛し、愛され、感謝されたか」ということは、その人がその人として生きる時の最も大切な人間関係であって、その関係によってこそ、その人はそのかけがえのない人格を生きるのだ。誰かの子として、恋人、伴侶、親として、誰かにとってかけがえのない存在であることで、その人はその人を生きる。もちろん、それ以外の関係もいろいろなかたちでその生を支えるものだけれど、その人がその人であるという「尊厳」はこうした具体的関係の中にこそ見出されるものだろう。静人はそんな理屈を語らないし、小説にも説明はない。

この三つを聞き取るようになった静人は、意外にもこの答えを簡単には得られないという現実にぶつかる。つまり、現代社会は人とつながっているようで、実はその人について、その人がその人であるというかけがえのない存在としては見えていないのではないかということだ。名前は憶えられているかもしれない。しかし、本当にその名前の人がかけがえのない人格として見出されていないという現代社会の希薄な人間関係。現代社会は、その人が誰であるかを実は知らないということなのだ。私たちはそういう死を死んでいくのかもしれない。アノニム（匿名）の死。そんな現代の「死」を描くことで、「生」の深い陰影が示されている。

求められる和解

このように小説は、今日の「死」に焦点を合わせながらも、現代を生きる「生」の問題を赤裸々にするが、もう一つ、この小説の問題提起を受け止め、記しておきたい。

それは、これまでに述べたような、この世の生における人間関係の「希薄さ」の裏返しである、その関係の「複雑さ」を示すような問題だ。つまり、希薄な関係だからこそ、「その人」の深い問題には誰も踏み込まないし、本人も踏み込まれたくない。それゆえに、誤解や憶測が先になって、本当の人間関係が結ばれないという悪循環がもたらされ、関係をなおいっそう複雑なものとしていくのかもしれない。この小説に描かれる「死」には、複雑な人間関係の破れが見えてくるのだ。その破れゆえに起こる孤独死、隠される死、自死や殺人などの事件。

人間は誰も理想的な関係の中に生きているわけではない。男と女の関係は、夫婦であろうと、恋人であろうと、簡単ではない。小説の中には、家族を捨てて別の女性と暮らす父親がいれば、五歳の息子を置き去りにして新しい生活を求める母親がいる。自分を殺してくれと頼む夫と、愛するがゆえに殺した妻がある。家族を道連れに心中する親があり、家族を残して失踪する者もある。

破れた関係の悲しさ、切なさを抱きかかえる人たちは、ただ大切な人を失うということばかりでなく、むしろ自分の存在の意味や肯定感をさえ奪い取られていくのだ。母に捨てられたというその一つの事実が、その子から生きることの実感を奪っていく。「なぜ自分は見捨てられたのか。見捨てられるような自分でしかなかったのか」。自分の生の意味を見出せない人は、他人の生のそれを容易に認められない。愛を失った心は、やり場のない憎しみを溜め込んでいく。そうして、この破れは人のいのちそのものを蝕み、新たな死をもたらす「死の連鎖」を生み出していく。個人的な関係においても、またはるかに大きい国や民族の間にも、この「死の連鎖」が止まらないのか。

たとえば、この小説は一人の亡霊を登場させる。死んでも、その関係の破れに傷ついた魂は癒されることがない。その魂に語らせるのだ。長い時間をかけて、「悼む人」がその声に耳を傾け、その声を解釈し、遺された人に伝える。そこに和解が起こり、破れは癒され、亡霊は消え、遺された者にも新しい「生」が実感される。

「和解」は、それを必要とする人同士が生きている間にもたらされることが望ましい。しかし、私たちの生には限りがあるし、また、それぞれの状況は和解を可能としないかもしれない。和解をあえて望まない生き方もあり得よう。けれども少なくとも、和解が求められるような深いもつれと破れがあるという現実を知っておく必要はあるのだろう。どうにもならないこの破れを、私たちは確かに自分のものとして抱きしめて生きていくしかないのだが、その力は私たちにあるのだろうか。

信仰の視点から

死者を憶える「悼む人」は、一つの試みだとは思う。ただ、見ず知らずの人を、知り得たわずかな情報だけで「その人」として悼むことの意味がいま一つはっきりとしない。意味の分からないことをはたして続けられるのか。静人自身（つまりは筆者の天童氏も）、それは不遜なことかもしれないと、その限界を問いとして持ち続けてもいるようだ。そうなら、何年もそれを続けられるとは考えがたい。遺された者の魂の癒しをこそ目的とするのであればまったく話は別なのだが、ただ死者を悼むというこの試みには無理がある。

そもそも、私たちは死者をすべて憶えることはできない。たとえ愛する者であったとしても、その人と過ごした時間は次第に過去となり、薄らいでいくものだ。そのことが、相手を思うべき自分の不誠実さのように感じられることもある。しかし、それははたして本当に不誠実なのだろうか。

病気で夭逝した我が子を思う母親が、「自分が忘れてしまっては死んだあの子に申し訳ない」と、その死の傍らにたたずみ続けようとすることもある。しかし、そうやって自分の時間を止めてしまうことが、その子への母としての誠実だとしても、はたして自分に与えられた生への誠実さといえるのか。自分が今関わらなければならない他の家族の一人ひとりとの関係に誠実といえるのだろうか。

正解はどこにもない。一人ひとり、その諸々の関係の中で自分の歩むところを見出していかなければならない。大切なことは、遺された者がどこで死を受容し、納得していくか。いや、納得しなくても、その死を死として受け止められるのかということだろう。そのための時間はそれぞれに異なるし、そのために何をするのかも、また一人ひとり違っていていい。

しかし、限りのある私たちが「忘れてはならない」と思うことも大事でありつつ、「忘れてもよいのだ」と思えることもまた大切なのだ。もちろん、悲嘆の中に立ち止まることがもっと認められてよいと思う。忘れられないその大切な人との関係を慈しむ自分を認めていい。けれど同時に、自分がその人を次第に忘れていくことも、それはまた思い出すためであり、その人との関係を絶えず新しいかたちで生きるためであると積極的に認めることも大切だと思う。人はどうしたら「大切な人のこと」を忘れても大丈夫だと言いえるのだろう。

私たちには、この自分をかけがえのない存在として知っていてほしい、憶えていてもらいたいという深い渇望があることが、この小説から知られてくる。ならば、誰がその求めに応えられるのだろう。静人はそれを自分に引き受けようとしている。しかし、それは人間のなし得ることではないということこそ、気づかれるべきなのだ。人間は時間的存在なのだから、過去を忘れ、前のものに手を伸ばして生きることしかできない。そもそも、憶えるにしても、忘れていくにしても、不完全なものでしかない人間の記憶の中に「その人」のかけがえのなさは収まることはできない。

その時、私たちに開かれる宗教的次元の重要性を思うのだ。人間の限界を超えて、確かに私たち一人ひとりを憶えておられる神を知ることの重要性。この人も、あの人も、そして私自身のことも、すべての人を永遠の中で確かに憶えていてくださる神があると知る時に、あの静人が引き受けようとした途方もない課題がすでに満たされていると信じることができる。そのお方に憶えていただいていると、私たち自身を委ねることができる。その宗教的な次元に浸されることで、私たち人間の「その人」を憶える小さな「悼み」もまた支えられ、意味を持つだろう。

また、私たちが生きるその複雑な諸関係は、破れを持たざるを得ない。その破れが生きられる中で、少しでも和解につながり、修復されることが望ましい。しかし、これも私たちには限界がある。破れを破れのままに抱えて生きざるを得ない。人に傷つけられ、また傷つける存在の自分を投げ出してしまうわけにはいかない。

その時にこそ、私たち一人ひとりの生は、「赦し」を必要とし、またその存在を根底から支える「愛」を必要とするものであることが知られてくるのだ。これも人間が与え続けるわけにはいかない。ただ神だけが与えることのできる赦しと愛が、一人ひとりの生の根底を支える。私たち人間が自らの破れを抱えて生きることを可能とするのは、神が私たちを愛し、破れた私たちをしっかりと抱きしめ、壊れてしまわないように支え、新しい絆に結び合わせてくださるからではないのか。いや、そういう信仰の次元だけが私たちのたどしい和解の歩みを支えるものなのだ。

「悼む人」は一つの試みだ。しかし、その試みこそ、人間の営みの限界性を指し示しているように思えてならない。この小説は、宗教ではないかたちで人間の魂の声に応えることを静人に負わせている。それによって、人間には、その生と死を丸ごと受け止めてもらいたいという深い求めがあることに気づかせられていくように思う。小説は、たとえば死者の亡霊を登場させ、その死者の魂と生きている人とのとりなしを静人にさせた。これはほんの一つの例だが、この小説は、人間が人間としての分を超える領域で生きることを、フィクションの力を借りて描き出している。おそらく、意図したことではなかったかもしれないが、現代を生きる私たちの内にある深い宗教的な問題（スピリチュアルな求め）との邂逅がこの小説の中に起こっているわけだ。

宗教の次元、信仰の視点を私たちはどのように受け止めていくのか。信仰を持つ者は、今、その問いかけにしっかりと向かい合っていかなければならない。

天童荒太×石居基夫　対談

24　『悼む人』と十字架の神学

死の不平等性に怒りを憶えて

石居　天童さんが『悼む人』という小説を書こうと考えられた動機は何ですか。

天童　僕は高校時代に映画などを作る表現者になりたいと思うようになったのですが、よく戦国武将などが英雄として扱われるドラマがありますよね。でも僕は、彼らは多くの人を殺しているじゃないか、その殺された人のことはどうなるんだと、ヒーローだけを崇めたりするあり方に違和感を持ったんです。

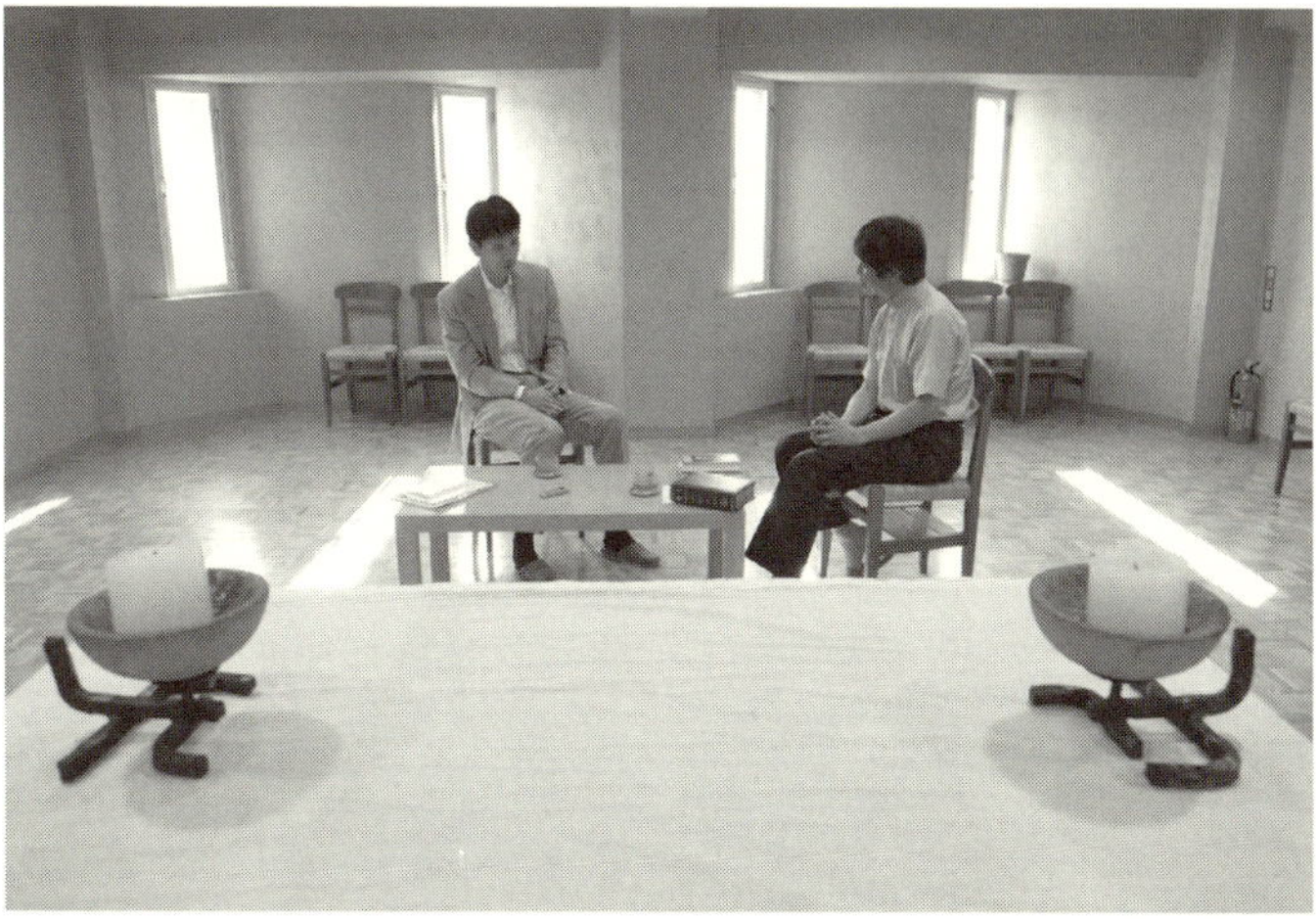

その後、小説家になったんですが、一九九五年に阪神・淡路大震災がありました。そこで、ものすごい数の方が亡くなっているのをテレビで観たんですが、その翌日、父親が長患いの後に亡くなったんです。地方紙を開くと、訃報欄には父だけでなく他にも大勢の、震災によるものではない死の知らせが載っていました。その死は震災のようにテレビで報じられることもないし、ドキュメンタリーとして取り上げられるわけでもない。そのことがすごく心に残ったんですね。人の死は決して平等に扱われるわけではないというのが自分の中で強く残ったんです。

それがついにある沸点に達したのが、二〇〇一年の九・一一を受けた後の一〇月七日、アフガンへの報復が始まり、誤爆によって何の罪もない子どもが大勢死んでしまったことです。

九・一一の犠牲者に対しては、すごいセレモニーが国を挙げて行われましたが、もう一方の側、誤爆して死んだ女の子の名前は誰も知らないし、見向きもされない。

人の生が平等でないという以前に、人の死の不平等さが、暴力や人を死なせることへのハードルをすごく低くしているんじゃないか。つまり、相手の死も、自分の家族や愛する人と同じような重みがあるんだというわきまえがなくなっているがゆえに、自分の半径五メートル以外の人の死に対してすごく無関心になっていると思ったんです。

そのことへのある種怒りみたいなものがあって、本当に人のいのちを思うために、まず人の死を平等に見るということはできないものかとずっと考えてきました。しかし、自分に何ができるわけでもないという無力感で、顔を上げて歩けないような感じになったんですね、心が苦しくて。

その時に、無力なんだけど、無力なりに、死んだあらゆる人を等しく悼む人がいたらどうだろう。救うことは決してできないけれども、そこで亡くなった人を憶えておこうと懸命に努める人がもしこの世界に一人でもいてくれたら、それはこの世界を明日生きていくための小さな灯火になるんじゃないかというふうに思ったんですね。

それは僕自身がほしい灯火でもあったし、また小説という表現においては、その小さな灯火を灯せればもう十分なのではないか。それが物語、小説を書くということを託された人間のできることかもしれないと思い、それで、あらゆる人を平等に悼む人というのを、自分の小説家人生を賭けて追いかけてみようと取り組んだのです。でも実際、やはり難しかったので、書き上げるのに七年間かかりました。

ただ、死の不平等性というのは今に始まったことではなくて、歴史的にずっとそうなんですよ。尊ぶべき死者とそうでない死者を作らないと、国家などの巨大な組織の秩序は保たれないんです。将軍の死と二等兵の死を同等に扱ったら、国家は崩壊します。そこまで語る気はないけれど、せめて人々の心の中で、平等に悼むことがあっていいんじゃないかということで、この小説を書いたんです。

石居 それを聞いていて思ったんですが、聖書の中にもダビデやソロモンなど王様の歴史もあるけれど、その中で生きている小さな者たちにも神様は必ず目をとめていてくださることが分かるエピソードがたくさんあります。神様は弱い者にも平等にいつも眼差しを注いでくださっていると改めて思いました。

どんな死に方ではなくて、どう愛され感謝されたか

石居　この小説の中で主人公の坂築静人《さかつきしずと》は、その死の悲惨さではなくて、むしろその人がどう生きたか、誰を愛し、誰に愛され、どのように感謝されたかということを憶えて悼むんですね。

天童　この小説を書く時、人の死を等しく悼むということはどういうことだろうかとずっと考えていたんです。そこで実際に事故や殺人のあった現場に行って人の死を考えたりしたんですが、やはりつらいんですよ。殺された人のことを深く思い入れていくと、もうその日一日寝込むようなことになって、これでは倒れてしまうなと思った。

一方で、僕がつらい死に方をするとか誰かに殺されたとして、悲惨な死に方をした人として憶えてもらいたいだろうかと考えると、自分の死に方はもういい、それよりも自分が一生懸命生きてきたことを憶えてほしい。こんな人に好きになってもらい、

こんな人を好きになって、周囲にも感謝されたということで僕を憶えておいてほしい。それは、あらゆる人が本当はそうじゃないだろうかと思ったんです。

また、生まれてすぐ亡くなってしまう子どももいます。そのいのちは仕事や業績ということで悼むことはできない。ただ、どんな新生児だって、お父さんとお母さんに愛されたろうし、胎内にいた時、すごく安心感を憶えて、この世に生まれてこられることにある種の愛に近いような感情を憶えた可能性はあるだろう。そして、生まれてきてくれたことに、両親や取り上げた人も感謝したろうし、そういうことで小さないのちも悼むことができると思ったんです。

そうすると、結局残っていくのは、そのいのちが誰に愛され、誰を愛し、どんなことで感謝されたかということだけで、それがその人の唯一性を確保してくれる。そう考えた時、ふっと楽になるんじゃないかなと思ったんです。

現に若くして亡くなった方のご遺族は、その亡くなり方に気持ちが引っ張られるから、普通に見送ることとなんてとてもできないと思って、いっそうつらくなられている。また、殺された方の遺族もいらっしゃる中で、もう死に方ではなく、その方が生きていた時の愛と感謝の日々を憶えていくことのほうがよき弔いになるし、自分自身の肯定にもつながるのではないかと。

ということは、もう一歩進んで、結局、生きていくということも、一生懸命何かを競争して勝つということよりも、誰かに愛され、どう人に感謝されるかといった生き方をすれば十分なんじゃないだろうかと思い至ったんです。

いつかイエスのように人のために歩む者に

石居　でも、静人のしたような人を悼み続ける旅というのは、本当につらいだろうと読みながら思ったんです。実際には、その亡くなった人が誰を愛し、誰に愛されたか、どう感謝されたかがまったく見えないこともあるじゃないですか。で、僕はそのところに静人が立ち切れるんだろうかと、すごく心配したんです。本当のところ、静人の見ていた視点をずっと行くと、人間の力を超えていくんだろうと。

たとえば、僕がもし同じような旅を続けていたとしたら、自分の先には神様がいるということで支えられると思うんです。つまり、僕にはその一つのいのちが誰に愛されたのかさえ分からないし、見出せない。けれど、究極的にそのいのちは必ず神様に愛されている、憶えられていると。

ただ、天童さんが信仰を持たない中でも、心を深く寄せていかれるところ、指し示すところは重なっているんだなとも思いました。小さく弱い者、見捨てられた人々、希望を見出せない人たちのいのちに心を寄せていく。もしかしたらイエスという人はそういう歩みをした人だったのかもしれないなあと。

天童　キリスト教については僕はほとんど知らないんですが、イエス様というのは僕自身の中では目標みたいなもので、頼ったり、すがったりするお方ではないんです。人間としてあのような方がおられたということが大切なんだろうと考えていて、むしろ神として神格化させてしまうと、変にすがったり頼ったりしてしまうのではないか。

それよりも、俗っけのある人間でも、あのような方になれるのだという、それは一つの目標であり、それこそが僕にとっては希望のようなものに思えるんですね。人間はそこまで行ける。そこまでいのちを投げ出せる人になれるんだと。あの方が見てくれるとか、すがるという生き方をするのではなくて、そのお方にどうすれば近づけるんだろうか、あのように身を投げ出していけるのだろうかというようなことを深く追求していく。

坂築静人の旅の中で、その行為は無私のように見えるけれども、彼は常に「これはエゴなんです」と苦しげにいっています。しかしそれは、いつか無私に近づきたいということなんですね。エゴでしかあり得ないこの旅を彼はつらく思っていて、でもエゴでしかあり得ない旅を選び、続けている。それはすごく苦しいと思うし、七年以上、彼を見続けてきた人間として、その歩みはある種の深い信仰に近い、悲しみを突き抜けた果ての希望としての歩みに連なっている旅なんだろうなというのは、僕自身もこの小説を書きながら意識していましたね。

石居　僕もイエスをある意味で自分の模範、目標のような方としても見ているんですが、やはり自分ではとてもイエスのように自分を投げ出せないと思う。そういう私たちとイエスがどういうふうに結び合わされるんだろうかと思った時に、やはり頼ってもいいんじゃないかと思うんですよ。というのは、イエスのようにあろうとする、そうしなければと掻き立てられるけれど、気がついたら自分が行き倒れている。どうにもならない現実に打ちのめされている。その時に、このようにもがきつつ生きる自分に対して、イエスを通して神様の限りない愛が示されていることが、まず自分を捉える

んです。だから、どこかで肩の荷を下ろすみたいな、「エゴでいいんだよ」、「人間はしょせんエゴなんだよ」というその肯定と同時に、自分の中にもう一つ課題が与えられてくるみたいな、そういう二重写しを僕たちは見てもいいんじゃないでしょうか。

信じ祈ることがなければ小説は書けない

天童　僕は何かの宗教の信者ではないんですけれども、すごく神様は信じているんですよ。人とかテキストが間に入るのが単に嫌なだけで、すごく神なるものは信じているし、むしろ信頼しているといってもいいかもしれない。実は僕は朝と晩に、「健康に平和に一日を迎える（過ごす）ことができ、ありがとうございました」、「自分の使命をよく果たせますよう頑張っていきますので、お力をお貸しください」といったことをずっと祈り続けているんです。なので、すごく神的な、その人を救うものがぎりぎりのところで現れるだろう、また、そういうものを見るために僕らは折々つらい目に遭うのかもしれないとさえ思っているんです。「あなたに与えられた役割がある」ときっとどこかで神が教えてくださる局面があるだろうと信じているんですね。

石居　天童さんも、信頼できるものを持ってらっしゃるんですね。

天童　いや、ないと小説は書けないんですよ。『悼む人』の前に『永遠の仔』という作品があって、それは児童虐待を受けた子どもたちを自分の中に入れて生きて書いたんですが、父親に性的暴行された女の子に自分自身がなる、あるいは母親や父親に暴行を受けた人間として生きる時間を持つというのは非常につらくて、本当に外に出たくなくなるんですよ。人に会えなくなるような精神状態に追い込まれていった時に、やはりこの仕事を自分に託してくださっている方がいると思わないとやっていけないんです。

石居　そうですね。

天童　僕はそんなに自分に才能があるとは思っていませんが、多少でも書ける力、チャンスが与えられているのは、――才能は英語でギフトといいますが、贈り物、託されているものなんだということを常に考えています。今『永遠の仔』や『悼む人』が書けるのは、その能力と機会が託されているんであって、その時間を無駄にしてはいけない。そのために全力を尽くさないのは、託してくださった方に対して失礼であると。その時に、託してくださった方は、天に向かってお祈りしている方であると同時に、市井に生きている一人ひとりの人、遊んでる子や、近所のおじちゃん、親戚のおばちゃんでもあったりする。そのことも忘れずにいたい。神は実は、周囲にいる人々の中にも生きている。その人たちに尽くすこと、尽くす気持ちでものを書くことが、お返しすることになるのではないかなと常々考えているんです。そうしないと、すごく傲慢になるし、また書いていく時の支えにもならないというか、支えになっていただけないという気持ちがあって。

石居 それはすごくよく分かります。目に見えない神様は具体的には人を通して働かれる――パウロ的にいえば、私たちのうちにキリストが生きて働かれるので、自分に何かが語られたとか、安心させられるとか、すごく身近なところで感じますね。

もしこんな人がいたら希望と奇跡が生まれる

石居 人間って、すごく複雑で、にっちもさっちもいかなくて、こんがらがっていて、どうにもならないものを抱えて生きています。また、もっと早く分かり合えたかもしれないけど、それがうまく表現できなかったり伝えられなかったりする。自分も自覚できないようなものをたくさん持っていて、それが私たち人間の弱さだったり限界だったりするんですが、そういう容易に解きほぐせない現実の中に私たちは投げ込まれています。この小説の中でもそういう葛藤を抱えた人物が登場するんですが、その仲立ちをする静人がいなかったらどうなっていたんだろうと読みながら考えました。

天童　小説というのは、一つの希望とか奇跡、可能性を見せることのできる表現媒体なので、ある人間がいた可能性によって何が変わるか、何が生まれるかということを見せることができる。しかも、理知的に読んで頭で理解してもらうんじゃなくて、それを感情としてリアルに、心の中の深いところに根づかせることができるんです。それが小説という表現媒体の持っているいちばんの特質であり、力強さなので、もし何々であれば、こういう人がいれば、そういう可能性によって何が生まれるかを意識しながら表現していますね。

石居　僕は牧師として、どこまで言葉を紡げるのか、そんなに簡単に人の心に入り込むことはできないし、分からないことばかりだけれど、でも、それらを全部分かって引き受けてくださるお方がいて、その方との間に自分が用いられているんだと思っているんですね。人々が苦しむ、もつれた糸のかたまりを解きほぐすきっかけになる自分でありたいと思うし、ちゃんと解いてくださるお方がいるんだということを伝えていきたいといつも祈ってます。

自分の無力さを認める——そこに神がいたもう

石居　学生が悩み相談に来る時にも、話してくれることはごくわずかですが、その中にはいろんな問題が内包されています。

天童　そうでしょうね。

石居　生育歴の中でいろんなものを持っていたり、今の現実の中で抱えている問題があったり、いろんなことがありますね。そして、そういうものを全部解きほぐす力は自分にはないけれど、でも、そういう一人のいのちが生きていることとの複雑さというものに僕らが向かい合っているということは、わきまえていなきゃいけないなと思います。

天童　そうですね。どうしても人間って、すごく力になりたがるじゃないですか。困っている、つらそうな人がいると。でも、何かしようと思って来られると、かえって息が詰まる。「助けます、助けます」と来られると、自分がそんなに哀れまれるのは嫌だってなるだろうと思う。それは遺族にも、そういうことがよくあるだろうと思うんです。何もできないとわきまえていてくれる人の優しさのほうが心に入ってくる。だから、自分には何かできると思ってその人のところに行くのではなくて、「何もできないけれども、ここにいさせてください」というような人がいちばん支えになってくれたりするんじゃないですか。

石居　ガンの病棟にずっと続けて訪問するということを自分も経験してきましたけれども、実際には言葉がないんですよね。何といえるんだろうと思いながらも、恐れながら出かけていくというのが実際のところで、逆に励まされたり（笑）することがいっぱいで、でも結局、人間ってそういう限界を持っているし、実は何もできない無力さの中でたたずむしかないというのが私たちの姿なんだろうなと。

天童　そうですね。無力さを受け入れる勇気というのが、いちばん大事なものだと感じる時が折々ありますね。やはり無力さを感じると虚しさになるんですが、それを虚しさに持っていかずに、無力だから、一歩引いて、違う生き方、あるいは振り向いた場所にいる人に目を向けることだってできるのではないだろうかという、違う生き方への転換に持っていける勇気というのがすごく必要なのかもしれない。無力さを感じていない人というのは、やはり傲慢で、ちょっと嫌らしかったりする。「何でもやりますよ、できますよ」という人には、「いいです、いいです」って（笑）、引いちゃうところがありますね。

石居 神学の中に十字架の神学というのがあるんですけど、これはイエス・キリストの無力な十字架の姿の中に神がいたもうということを見た神学なんです。

天童 ああ、なるほど。

石居 十字架というのは無力の極みなんですが、キリスト教の信仰というのは、きっとそれが核だと思うんです。

天童 それは昔からいわれていることなんですか。その十字架における無力というのは。

石居 ええ。イエスの弟子たちがまず経験したのが自分たちの無力さ、逃げ出す弱さなんですが、中でもキリストの十字架の死というのはおそらく、当時の人たちがみな期待したメシア像を完全に裏切る姿だったんですよね。メシアだったら、その十字架を蹴散らして颯爽と出てくるような人じゃなければ困るわけです。みんなは期待したんだと思うんですよ。

天童 はい、そうですね。

石居 でも、そうじゃなかった。で、そうじゃなかったということの逆説がキリスト教信仰の始まりなんですよね。

天童 なるほどね。

石居 そうではなかったイエスというのはいったい誰なんだということなんです。でも、その無力の極みの中で生き抜かれたイエスの姿というものが、弟子たちの中にはもう忘れることのできない力になったんじゃないですかね、逆に。

天童　うん。それが転換点になったんですね。

石居　そう思います。聖書の使徒言行録にステファノという人が出てきて、迫害の中で石打ちにあって死ぬんです。でも、その死の間際、無力さの只中でイエスにまみえるんですよ。あの十字架に死なれたイエスの姿が彼の前にある。つまり、無力さの中でこそ、彼のいのちを確かにするつながり、神とのつながりが見出されたということではないかと思います。

天童　なるほどね。

石居　だから、そうしたことをキリスト教信仰は大事にしてきたと思うし、やはり核になるところはそこだということに、二〇〇〇年の歴史の中で絶えず戻っていたんだと思います。

天童　ああ、それはすごくいいですね。それは一般には伝わってないですよね。

石居　伝わってないですか。ちゃんと伝えないといけない（笑）。

天童　まあ、伝えにくいのは確かですけどね。無力さが……みたいところは。でも、すごく大事なことですね。

若くして絶たれたいのちを常に心に抱えながら

石居　天童さんは新しい小説を考えていらっしゃるんですか。

天童　つらい立場にある人間の側に立って書くということ自体は変わらないですけれども、死を見つめる静人という旅からはいったん身を引いて、今度は生、生きることを追いかけている子どもたちを表現しようと思っています。この世界で生きる条件がすべて平等に与えられているわけではない中で、その悪条件の中でも、それぞれがとにかく生きようとする複数の子どもたちの姿を追いかけようと。

石居　方向が少し違うけれども、やはり死といのちはちょうど背中合わせの関係だから……。

天童　そうですね。『悼む人』で死を追いかけたのは、最初にいったように、いのちがあまりにも不公平に、軽々しく扱われていることへの怒りだったので、今度は生きることの肯定、それを支えるような物語、生きていることに躓《つまず》きかけた時に支えとなるような言葉みたいなものが表現できたら、それが何よりだと思っているんですけれども。

石居　期待しています。

天童　才能が追いつかないので（笑）。でも、いただいたものを懸命に、自分に与えられた条件の中で、人のために返す務めをするということが生きるということだし、それが果たせて、人から「あなたがいてくれてよかった、ありがとう」といってもらえたら、もうそれでいいかなとは思いますけれども。

その一方で、自分の中に常に、そうした生を果たせないままいのちを絶たれた人たちのことを抱えていたい。たとえば、監禁されてコンクリート詰めされた女子高生とか、池田小で殺されてしまった子どもたちとか、誤爆によって死んでしまった幼い子ども、そういう死を常に胸に抱えていたいと思っています。また、自分の発する言葉、自分が表現するものがその子たち、そのいのちに失礼ではないのか、その言葉が彼や彼女たちをさらに傷つけるようなものにはなってはいないのか、ということは常に注意したい。そういう子たちがいることを絶対忘れちゃ駄目だって常に思うんですよね。

僕ももう五〇歳で、ここまで歩めたことはすごく恵まれたことだと思うんです。だから、幸せになろうなどと欲をかかず、お返しをする。務めを果たす。そうした気持ちに至ってこられたのも、その本当に悲しい、つらい死を迎えた子たちを抱えて生きるということが自分の支えになってきたからなんです。また、そのことによって生きられなかったいのちに感謝したいというのも常々思っていることですね。

石居 僕らが生きる意味、生きたこととの意味というのは、その人自身の中だけにあるんじゃなくて、むしろそれを受け取っている関係、たとえば天童さんが今そういうかたちで心に置いてくださっていることの中で、何かかけがえのなさを紡ぐものになっているのかもしれませんね。

天童 だからといって、彼らの死には意味があったというのは非常に傲慢になってしまう。人の死を自分の価値観で捉える危険をはらんでいるので、そういったいい方に潜む、「そこまでいってしまってはいけない

よ」というある線を越えないよう、わきまえも必要だと思っています。

石居　そうですね。

天童　だから、彼らの死には意味があったとは決して思わないけれども、でも僕はその死をこれからも胸に抱えて、自分への刃として、また彼らに感謝しつつ生きていき、表現していければなとは思っているんです。

でもそういうと、「つらいでしょう」といわれることがあるんですが、むしろそうすると、すごく生きることがシンプルになるので、楽なんですよ。

誰か哲学者の言葉だったと思うんですが、楽をして、お酒を飲んで、異性と遊んで、欲望を追いかけて生きていくほうが楽しいと思いがちだけど、むしろそのほうが本当はつらくなる。だから、そういう欲をどんどん捨てて、しんどいようなことで懸命に生きているほうが実は楽なんだという言葉を何かで読んだことがあって、非常に共感したんです。そのほうが僕も今楽なんで、全然つらくない。人間の生死を見つめていく仕事はしんどいといえばしんどいですけど、つらさの種類が違います。

石居　本当にそうですね。新しい作品、楽しみにしています。今日はありがとうございました。

25 遺族と牧師のホンネ

本項は『ミニストリー』七号（二〇一〇年）の特集「みんなで葬儀！」に掲載されたアンケートをまとめもの。

遺族のホンネ

死に臨んだ時

病状が進んだ段階では、葬儀の時に読んでほしい愛誦聖句や愛唱賛美歌を本人に確認したり相談したりしにくくなります。我が家の場合は、父のガンが発見されて最初の手術入院の前に、冗談交じりに「決めておこう！」ということで、母も私も一緒に自分の葬儀の際の聖句や賛美歌を決め、どんな葬儀にしたいかを話し合いました。また、入院中に父の人生の聞き書きを始めたのですが、本人があまりにも元気なので、病気が治ったと思い込み、中途半端になりました。しかしその後、数カ月で病状が進み、本人に聞くことができなくなってしまったのです。また、葬儀の賛美歌は二曲は決まっていたのですが、実際にはもう一曲必要で、急いで選んだ曲は、後で思い返すと、父にあまりふさわしくなかったと、ちょっと後悔。もっと元気のよい曲にしておけばよかったと思っています。

夫が亡くなる際、若い副牧師が何回か病床訪問してくれました。夫は、長年のつきあいのある主任牧師に来てもらいたがっていましたが、多忙な主任牧師に遠慮してか、いい出せないまま亡くなりました。家族としては、副牧師の訪問にも感謝していますが、やはり無理を承知でも主任牧師にお願いしたほうがよかったかと複雑な気持ちが残っています。

祖母は若いころ、女学校でキリスト教に出遭い、時おり教会に通っていたものの、夫の理解を得られず、受洗の機会を失っていました。その夫もずっと以前に亡くなり、祖母も大きな病を得ていよいよ危ないという時、自ら受洗するといい出したのです。しかし、決めた日に牧師が病院に現れると、「今日はまだその日ではない」の一点張り。先生にはお詫びをいってお帰りいただきました。ボケたのかと思いましたが、よくよく聞くと、先生がガウンを着ておらず、ノーカラー、ノーネクタイだったのが気に食わなかったようです。本人にとっては、長年の求道生活の末に一大決心をしての受洗なので、「そんな略式のようなのは嫌」とのこと。このまま洗礼を受けずに終わるのかと思ったのですが、牧師に正直に話したところ、「それは申し訳なかった」と、もう一度来てくださり、亡くなる三日前、本人の意識がまだしっかりしている時に受洗することができました。

臨終から納棺

代々のクリスチャン家庭ですが、父の危篤の際、牧師を呼ぶことまで気が回りませんでした。最後に息を引き取るところまで家族だけで看取ることができたのでよかったとは思いましたが、葬儀の後にそれとなく牧師から、「最期の時に呼んでくれてもよかったのですよ」といった意味の言葉をかけられました。先生はよい方ですし、家族みなが信頼していますが、ホンネをいえば、次（？）があるとしても、牧師を呼ぶつもりはありません。

クリスチャンに限った経験ではないと思いますが、末期ガンをわずらっていた祖母が、眠っている間に自宅で亡くなり、朝に発見されました。自宅での不審死にあたるため、牧師らと葬儀の打ち合わせの最中に、警察の検死（？）がありました。

本人が自宅で亡くなった後、遺体を清め、着替えさせる作業を訪問介護の看護師さんたちと家族が共に行うことができました。それはよかったのですが、神道の習慣でしょうか、ふと気がつくと、遺体の胸の上に小刀が置かれていました。また、「お塩はありますか」と。何でも、部屋の隅に置きたいとのこと。彼女らにしてみれば当然の気づかいだと思うのですが、「キリスト教では魔除けは必要ない」と面と向かっていうのも角が立ちそうだったので、塩を小皿に入れて渡し、牧師が来る前に片付けました。でも、そんな方々も地元の教会の葬儀には参列してくれました。

葬儀から火葬

前夜式を教会で行いましたが、予想を大幅に超えて多くの会葬者が集まり、早々に式次第や賛美歌のプリント、会葬御礼の図書カードが品切れになって困りました。会葬者の数を予想することはとても難しいと実感しました。また、献花が延々と続き、礼拝後一時間以上並んで待った方もいて、遺族としては申し訳ない気持ちになりました。当然、献花用の白いカーネーションは使い回しです。それも、何度も繰り返し使われるのが気になりました。日本の習俗から、来てくださった方々にとって何か〝お参り〟のようなかたちがないと落ち着かないのも分かりますが、もう少し時間のかからない別の方法があればと思います。

母は家族で一人だけのクリスチャン。葬儀については、生前に母が頼んでいたらしく、教会で教会員の方々に助けられて執り行いましたが、すべてにわたって遺族がお客のように扱われ、よそよそしく感じました。また、私たちも含め、親戚も皆、キリスト教のことは分からないので、葬儀は礼拝だといわれても意味が分かりません。せめて喪主など、近しい家族だけでも、キリスト教の葬儀にはどういう意味があるのか、式の前に説明があれば心構えも異なり、母の信仰をそれなりに受け止めることもできたと思いますが、今は教会に対して、「笑顔の裏で何を考えているのかよく分からない」というか、排他的な印象のみが残りました。その後、友人の葬儀で別の教会に出席した時、「キリスト教の葬儀とは」という小さなパンフレットがプログラムと一緒に全員に配られました。母の時にもこういったものがあればよかったのにとつくづく思いました。

骨上げの時、斎場の職員の方が方法を指導してくれました。もちろん、丁寧ではありましたが、途中の骨の部位の説明など、何とも呪術的に思えて違和感がありました。また、最後に骨壺の蓋を閉めた際に「それでは、合掌」と半ば合掌を強制し、その場を仕切られてしまいました。斎場などで働く方々に、宗教の違いがあること、特にキリスト教式での振る舞いなど、学びの機会はないのでしょうか。彼らにとっては毎日のことでも、亡くなった人、遺族にとっては一生に一度のことなのです。

葬儀後から記念会

父は月曜日に亡くなり、水曜日に教会で告別式を行い、日曜日の週報に個人消息として葬儀がすでに終わった旨、記載されました。その時、何人かの教会員の方から「知らなくて葬儀に出られず失礼しました」といわれました。大きな教会なので、教会員の死去や葬儀日程は現役役員のみにメールで連絡される仕組みです。気がついた役員が、死去した本人や家族のことをよく知っていると思われる方々に自主的に連絡してくださるようですが、うちの父に限らず、「親しい人の葬儀を知らなかった」という漏れが時々あるようです。遺族としては、こちらから直接連絡して「葬儀に来てください」というのも変ですし、わざわざ教会の事務所に「あの方には連絡してくれましたか」と尋ねる余裕もありません。

他の教会ではどのようなシステムになっているのでしょうか。

夫の葬儀の後で、近所の方や遠くの従兄弟が「葬儀に出られなかったから、ご挨拶に」と訪ねてくれました。部屋の中に骨壺と遺影を置いた祭壇をしつらえてありましたが、線香やろうそくがないと、どうやってお参りしたらよいか分からないといわれました。他の方は、こんな時どのように説明しているのでしょうか。その時は「心の中で本人に話しかけてやってください」といいましたが、先日読んだ本によると、キリスト教では死者に話しかけるのは間違いとのこと。私自身は毎日、夫に話しかけずにはおられません。間違いといわれても、とても納得できない思いがします。

地方にある先祖代々の墓に祖母の納骨に行った時、墓標に堂々と「俗名……」と彫られていました。墓石屋にはノンクリスチャンの親戚を通してお願いしていたのですが、自分たちが世の中の常識について知らなすぎたと反省しています。念には念を入れる必要があります。結局、「俗名」は後から頼んで埋めてもらいました。

先日、父と同じ年に亡くなった伯父の七回忌がありました。父の時は納骨の時に親戚が集まったのみで、記念会は特に行っていません。仏式のように何年かに一度集まる機会があると記念になるし、亡くなった人を思い出すことができて、家族にも慰めになると思います。また、所属教会では、教会の墓地に入っている人以外は、教会員であっても、秋の永眠者記念礼拝で週報に名前が載るなど記念されることがありません。この世を去った人は静かに忘れ去られるのがよいのかもと思いつつ、一抹の寂しさもよぎります。

牧師のホンネ

準備

気がついたら、礼拝堂に白黒の幕がかけられ、花がすべて菊だった。さらに、棺も霊柩車も金ピカ、骨壺に阿弥陀如来が書かれていたことも。それ以来、キリスト教に不慣れな葬儀社を利用する時は、準備段階からずっと一緒にいるようにしている。(四〇代)

信徒が生前に積み立てをしていた葬儀社を利用した。地元での評判の悪い葬儀社で、蓋を開けたら、生前の積み立てなど、あってなきがごとし。打ち合わせで訪れた故人の自宅の様子や家具、生前の職業や社会的地位などを見て葬儀の値段設定を目論むのがありあり。棺も花も改装御礼品も安価なものを依頼したのに、牧師の私が不在の時に喪主である娘がいいくるめられ、結局ふんだくられた。（五〇代）

小さい教会堂なので、参列者の多い葬儀には対応できない。先日、最多の一〇〇人を超える規模の葬儀をしたが、礼拝堂にはとても入り切れず、大変だった。大きな葬儀はここではできず、どうしたものかと不安が拭えない。大きな会堂を持っている教会は、小教会の事情を察して、気持ちよく会堂を貸してくださるようお願いしたい。（四〇代）

葬　儀

仏教が盛んな当地の葬儀は、僧侶の人数が多いほどステイタスとされており、地元住民は人数へのこだわりが強い。そのため、キリスト教会でも葬儀の際は、教派を超えて近隣の牧師たちが居並ぶようにしている。赴任した当初は違和感を憶えたが、今ではこのようにせざるを得ないことを痛感している。（四〇歳）

葬儀説教に全力で取り組むほど、差が出てしまう。偏差値に例えるなら、すべてを五〇に合わせたくない。関わりの深かった方の場合は偏差値六〇になると思うし、一度もお会いしたことのない方の場合は、努力しても偏差値四五にしか到達しないと思う。（三〇代）

突然死した知人の子どもの葬儀に参列した。牧師が、「この子が死んだことで、多くの実りがもたらされる……ハレルヤ」とかなんとか、満面の笑みで語りかけた。幼い我が子の突然の死というこの上ない理不尽を抱えた遺族の胸の内を思うと、この説教には正直、腹が立った。しかし、だからといって、何を語ればいいのか……。（三〇代）

仏式の葬儀に出る時は焼香をするし、場合によっては合掌もしている。逆に、未信者が教会の葬儀に数珠をして来たり、仏教の作法で献花をしたりしても構わないと思う。大切なのは、遺族を思いやる心、故人を悼む心だと思っている。（三〇代）

葬儀において、教会員の態度に差別意識を感じている。社会的に地位のある信徒や、多額の献金をした信徒の葬儀には積極的な奉仕や特別な対応をするが、そうでない信徒の葬儀は、無関心というか、どうでもいいといった扱いをしている。何度も目にしてきたが、そのたびに辟易とする。（三〇代）

家が仏教という教会員の葬儀が仏式で行われることになった。僧侶は、私と共同で葬儀を執り行うことを提案してきた。僧侶から「戒名になりそうな聖書の言葉はないか」と聞かれたので、復活信仰を説明しつつ「この朽ちるべきものが朽ちないものを着る」（一コリント一五・五三）という聖句を紹介した。そして、故人に「不朽院〇〇」という院号がつけられた。僧侶の読経の後、剃髪の儀が行われ、出家となった……。

ガウンを着て正座をしたのは初めてだったが、何とも座り心地が悪い。逆に、僧侶の袈裟は座敷に見事に馴染んでいる。西洋と日本文化の違い、キリスト教の歴史の浅さを実感させられた。葬儀の後半で、聖書を読み、故人の信仰生活を紹介し、十字架の贖いと復活による永遠のいのちについて語ったが、こうした中で福音をどのように分かち合い、深めていくかが問われていることを噛みしめた。（六〇代）

火葬・納骨式

所属教団で定められている画一的な葬儀式文に不足を感じている。召され方は人によってそれぞれなのだから、式文も多様であっていいと思う。たとえば、ルーテルやカトリックの式文は豊かで、それを聞くだけでキリスト教とは何かがよく分かる。こうした他教派のものを参考にしながら、所属教団の式文を踏まえつつ、オリジナルの式文を作っている。主任牧師に代わって火葬式の司式をする時にそれを使うこともある。（三〇代）

未信者である遺族への伝道を考えて関係作りをしようと、「納骨式の後、食事でもご一緒にどうですか」と提案したところ、丁重に断れた。その後、遺族から、謝儀と共に「御食事代」を差し出された。まさかそんな対応をされるとは思わず、ぽかんとしたまま受け取ってしまった。何だか私が食事代も請求したみたいになり、その後の関係が大変気まずくなった。食事代は受け取るべきではなかったと猛反省している。（三〇代）

私が育った関西では、骨壺といえば、喉ぼとけの骨を入れるだけなので、湯呑み茶碗ほどの小ぶりなものだが、赴任地である東北地方では、骨をたくさん入れるため、骨壺も大きく、直径二〇センチメートル、高さは三〇センチメートルもある。だから、関西なら骨壺が八個入るスペースに、一個しか収まらないので、教会の納骨堂を特注する時も、大いに困惑した。（五〇代）

葬儀の後に

礼拝堂の外で遺族と対面した時、何といって慰めたらいいのか分からない。どうにか言葉をかけても、空回りしているのがよく分かる。（三〇代）

葬儀委員のない単身牧会では、葬儀の何から何まで一人でこなさなければならない。牧師をサポートできる信徒も、平日の昼間は仕事なので、突然の葬儀には対応できない。そのため、葬儀を終えた後には燃え尽きて無気力になるが、その週の説教準備など、後回しにしていた通常の奉仕が山積みだ。

また、牧師も信徒の死という喪失感を抱えているわけだが、なかなか理解を得られない。葬儀後、牧師にも心のケアが必要だし、牧師の喪失感が分かち合われてもよいのではないだろうか。神の家族が亡くなったのだから、教会員の葬儀後、一週間は平日の集会を休みにするなど、世間の忌引きにあたるものがあってもよいのかなと思わされる。それほど葬儀には激しい疲弊が伴う。（三〇歳）

遠方に住む大学時代の先輩から、「妻の葬儀をしてほしい」と頼まれた。故人は若いころ洗礼を受けてはいたが、今は教会に通っていないという。さらに、「地域の方たちに来てもらえるように、地元の教会でしたい」との思いにも応えなければならなかった。

故人が、生前に数回だけ自宅近くのA教会の礼拝に出たといっていたのを思い出し、他教派ながらA教会の牧師に相談したところ、理解していただき、A教会の全面的な協力のもと、私の司式で葬儀をすることができた。A教会の牧師、役員の方々には、骨身を惜しまず関わってもらえ、本当に感謝している。遺族も大変喜んでくださり、また、地元の人たちも大勢来られて、A教会の存在と働きを知ることにもなり、地域伝道という意味でもよかったと思う。式後、多くの方から、「キリスト教の葬儀は心にしみる」という声をいただいた。

我々のキリスト教葬儀は、亡くなった方によってそれぞれ違うから、準備する側はとても大変だ。しかし、一人ひとりを大切にする姿勢は、信仰を持っていない方にも確かに伝わるし、その人が神様に愛され、祝福のうちに人生を終えたということは感じてもらえる、それを実感できた。（四〇代）

26　ケーススタディ「こんな時、どうする？」

本項は『ミニストリー』七号（二〇一〇年）の特集「みんなで葬儀！」に掲載された Q&A 形式の記事で、著者が回答を務めた。

ケース1

教会員以外のご遺族から謝儀の金額について聞かれ、返答に困っています。「●●円ください」というわけにもいかず、また金額を提示するからには、それなりの説明が必要だと思うのですが……。

一般的に、葬儀に関わる問題でいちばん関心が高いのが「費用」の問題です。昨今の葬式不要論でも、この費用面の問題が必ず議論になっています。もちろん、それぞれの教会で事情が異なりますが、基本的にはいくつかに分類して説明するのがよいと思います。

まず、葬儀社にかかる費用。これは棺、車、遺影の準備、火葬、骨壺、葬儀式の飾花、また会葬御礼など、どういうサービスを受けるかということで、葬儀社とのやりとりで決まるものです。ただ葬儀社によっては、仏式葬儀での僧侶への謝儀を含めてパックとしている場合もあり、教会で行う場合とは条件が異なりますから、確認が必要になるかもしれません。

次に、教会で行われる場合の実費があります。たとえば、式次第の紙・印刷代、冷暖房・照明などの電気代、ろうそく代などを含めた会堂使用に関するもの、また、いろいろな準備のために集まった人たちへの食事や接待用茶菓代も実費に含まれるでしょう。そして、教会にささげられる感謝の献金があります。先の実費と区別せず、それを含めて教会への献金としていることが多いかもしれません。

最後に、牧師やオルガニスト、葬儀に関わって奉仕する役員などへの謝儀があります。牧師以外に謝儀はまったく考えないという場合には、教会に感謝献金としてまとめてささげられることで考えてもよいでしょう。

献金や謝儀については、教会としてだいたいどの程度を目安とするのか、役員会などで話しておくとよいのではないでしょうか。ある教会では、教会に何万円、牧師に何万円、オルガニストに何万円など、目安としての一覧表を用意しているところもあります。しかし、教会員でない場合は、はっきり伝えないと、せっかくの牧会的な働きをお金目的と誤解された事例もあります。あいまいにせずに、よく説明して伝えることが求められる時代かもしれません。また、こうした説明に関して、役員が相談に乗るように役割分担されることも工夫の一つでしょう。

ケース2

キリスト教の葬儀でも、死者に手を合わせたり、弔辞で故人に語りかけたり、「冥福」を祈ったりする「ミス」が起こりがちです。どのように正すべきでしょうか。

実際の葬儀の場面で起きてしまった事柄については、その場で指摘したり注意したりすることはなるべく避けたいものです。やり直しのきかない一回限りの事柄の中で、私たちの無理解と不十分さはむしろ当然のことで、そういう私たちのする行き届かない業を、イエス・キリストの赦しと愛のうちに用いられて、葬儀全体が成り立っていると考えることがよいと思います。ですから、明らかにキリスト教的に考えておかしいと思ったとしても、その場で具体的な発言や行動を問題視すると、その背後にあるその方の心に思いを向けることができなくなってしまいかねません。むしろ、どんなかたちであれ、そういう中に表された心、祈りを大切に受け取っていくことを牧師の務めと考えたいものです。

むしろ教会の人には日ごろから、キリスト教における「死」の捉え方や教会の葬儀のあり方について、なるべく具体的に学んでいただく機会を持つことがよいでしょう。自分の葬儀を行う時のことを思えば、「教会の葬儀」の具体的な事柄を知っておくことに関心は高いと思います。実際に皆さんは分からずに困っていますから、たとえば教会の葬儀での言葉づかいや所作について、しっかり例を示して学ぶのがよいと思います。また、キリスト者として仏教や神道のお葬儀に出席する時にどうするのがよいか等も含めて、信徒の方々は知っておきたいことや確認したいと思っていることがたくさんあるはずです。

それから、実際に葬儀で故人の思い出などをお話しいただく方には、あらかじめ教会でのあり方について少しでも説明できればよいと思います。また実際の葬儀の場面でも、必要に応じてごく簡単な言葉を添えて、「神様への祈りの心を持っていただく」ことや「遺影を拝まない」ことなど、してほしいことや避けたいことをはっきりと、またそれとなく会衆に伝えることも司式者として大切なことでしょう。

ケース3

キリスト教専門の葬儀社が近くにない場合、一般の業者に逐一やり方を教えるのは大変です。教会主体で行うには負担が大きいのですが、いい方法はありませんか。

地方によっても事情は異なりますが、まだまだキリスト教の葬儀に不慣れな葬儀社があることは事実です。ただ、今の時代は葬儀社もなるべくよいサービスを提供していくことを目指しています。近隣の葬儀社に時間をもらって、教会のやり方について基本的な理解を得られるよう、学習・研究会のようなことを試みてはいかがでしょうか。一つの教会では困難な場合、同じ教団・教派の複数の教会で行ったり、同じ地域の教会が教派を超えて共同して行ったりすることも可能かもしれません。

何も知らないままだと、仏式の枕飾りがなされたり、花輪が来たり、お供えや清めの塩が用意されたりする場合もあります。教会ごとの物理的な事情で違いはあっても、棺の置き方や遺影の配置、飾花や献花の行い方など、キリスト教の基本的な考えややり方を理解してもらう必要があります。葬儀が「礼拝」として成り立っているゆえに牧師が全体を司り、葬儀社の人に手伝ってもらうべき場面はどことどこかといったことについても、相互に確認しておくことが大切です。

前述のとおり、葬儀に関する「費用」の問題は遺族にとってなかなか見えにくいところがあります。キリスト教でのあり方は仏式の場合と違うことも多いわけですから、教会が説明や見積もりを複数の葬儀社に求めておくことも必要かもしれません。

実際の葬儀の場面では、牧師は適切に指示を出さなければなりませんが、牧師がすべてを分かっているわけではありません。特に経験が少なかったり、新しい教会へ赴任したばかりの場合はそうです。現実的な対応の点では、葬儀社が経験と知恵を持っている場合もあります。いざという時ではなく、あらかじめ葬儀社と共に「キリスト教の葬儀」について研修し、学び合って、確認しておくことができるとよいと思います。

ケース4

聖書の言葉に力があると分かってはいても、御言葉の説教とは別に、悲嘆に暮れる遺族に対して何か言葉をかけてあげたいのですが……。

本当にそうですね。私たちはその悲しんでいる方の傍らで何かしてさしあげたいのです。それなのに、私たちはかける言葉さえ見つけることができません。先輩の牧師たちからも、そこに立ち尽くすこと以外には何もできないのが実際のところだと聞きます。しかし、牧師だからこそ何かいわなければと思いますが、取り繕って、とってつけたような言葉をかけることよりも、ただ黙ってそばにいて悲しみを共にすることが真実であるのかもしれません。

牧師が職業意識を持つ時は、キリスト教的な教えや理解を軸に考えようとするかもしれません。死の先に永遠のいのちや復活の希望があるといった言葉を共有したいと願うでしょう。しかし、今、目の前に悲しみに暮れている方に必要なのは、正しい教えではなく、この時を共にしてくれるイエス様ご自身なのです。私たちはまず何よりもキリスト者として、深い悲しみにたたずむその方のそばにあり、祈りを共にすることで、そこに主が「共にいる」といわれた約束に信頼したいものです。

慰めを語りかけたいという思いの中で、実はいたたまれない牧師自身のほうこそ、この悲しみの中にあっても神様に信頼する信仰の言葉をその方に期待しているのではないでしょうか。もちろん、必ずや神様が働いてくださって、その方の信仰が働くものです。しかし、それには時間が必要です。すべて神様の御手にあると信じ、その方の傍らに立ちたいものです。

何か慰めを語ろうとするのではなく、むしろ亡くなられたのがどのような方であったかを素直に思い起こし、それをお聞きすることも、そうした心に寄り添う時となるように思います。そうした中で、自らもその方への感謝の気持ちを遺族に伝えたり、遺族の知らない故人の一面を話したりすることもよいでしょう。思い出をたどりつつ、亡くなった大切な方を憶えていくことで心が落ち着き、受け止めがたい死を受け止めていく力にもなります。そうした交わりの中にこそキリストの臨在が示されるように祈りたいものです。

ケース5

赴任してすぐの教会で葬儀を司式することになった時、故人について何も知らず、どんな説教をすればいいか分かりません。

葬儀の説教は、ある特定の個人の葬儀のために集まられた方たちに向けて語られる御言葉です。皆が一つの出来事の前にあって、悲しみの中に立っています。その具体的な状況の中で、神様の働きをこそ伝えなければなりません。説教は、死についての聖書研究やキリスト教的な理解の講義ではなく、あくまでもそこに集う人々への福音として語られるものです。

そのためには、その亡くなられた方自身の人となり、その生涯、また共に生きてこられた方々との交わり、そして、その方と神様との関係についても、説教がそれを包み込んで語られることが、神様の働きをより具体的に示すことになると思います。ご本人の経歴、信仰の歩みなど、客観的な資料があるとよいと思いますし、ご本人の愛された賛美歌や聖句などが分かるだけでも、そこに語られるべきことに具体性を作ることになるでしょう。

しかし、いつでもそうしたことが牧師に分かっているわけではありません。まず、看取りからか、亡くなってからかはいろいろですが、葬儀が起こっていく事態の中で、牧師はその家族や教会員、集まってくる方々に、その方がどういう人でいらしたのか、個人的な関わりや思い出について伺うことができると、それがその人の人生を浮かび上がらせることに役立ちます。何が好きだったか、どんな人との関係を大事にしたか、どんな言葉を遺したかなど、最期の様子も含めて、語るべきことは、むしろ牧師が聞くことの中でこそ与えられてくるのではないかと思うのです。

また、説教だけが神様の慰めの言葉であるわけではありません。葬儀の式文や賛美歌、また自由祈禱などによって、その方の「死」において神様が何をなさるのか、また、私たちがどのような気持ちと祈りを持つ者なのかということが表されるのです。それらが縦糸と横糸のように織りなされていくのが葬儀礼拝であると思います。そのすべてを神様が整えてくださることに感謝し祈りつつ葬儀を司ることが、牧師の務めと心得たいと思います。

ケース6

いざという時のために、日ごろから教会として備えておくべきことは何でしょうか。牧師の代わりに教会員ができることはありますか。

葬儀は儀式的なことが連続していくものです。その間に牧師は、遺族の牧会とともに、諸々の式の手配をし、説教を作り、またそれ以外にも日常的な働きを負い続けています。それだけに、看取り、葬儀を行っていく牧師を支え、一連の事柄が信徒の交わりの中で受け止められるように、教会員も具体的に備えておけるとよいと思います。

まず考えたいのは、信徒の牧会的な務めです。牧師は教会の牧会的責任を担いますが、信徒の立場として時間を作って遺族に寄り添い、葬儀に関わる具体的な事柄の相談に乗ることもできます。人が集まってきますから、たとえば食事やもてなし、諸々の手続きなどについて一緒に考えたり、経験を分かち合ったりすることができるでしょう。また、葬儀後にも遺族を訪ねるなどの継続的なつながりは、牧師とは違った側面で、親しい信徒同士の相互の交わりの中でなされるところに教会のよさがあります。

その意味で、日ごろから教会の交わりの中で信徒同士が相互の牧会、交わりを持っていることが大事です。教会に熱心に通い、活動に積極的に参加できる信徒同士は自然とそうした交わりを作りますが、皆がいつでも同じようにそうした交わりの中にいることができるわけではありません。一人ひとり、性格も、諸々の事情も異なります。教会の礼拝に来られなかったり、交わりに入れなかったりする方々についての配慮をどう具体化するかは、日ごろから教会で考えるべきことと思います。

葬儀や結婚式は牧師の仕事だから、親しい方の時以外は出席しないというのではなく、教会で葬儀がなされる時は、どんなに小さな集まりとなる場合でも一定の準備が必要ですし、教会員がみな祈りを合わせていくことが必要でしょう。具体的に葬儀・結婚式などの式典について全体を整える委員などがいてもよいかもしれません。それぞれの教会で実際的な知恵が生かされ、教会という「聖徒の交わり」が葬儀の時にも証しされるよう工夫がなされるとよいでしょう。

ケース7

「自死」された教会員の葬儀に際し、牧師はどのような姿勢で臨むべきでしょうか。そもそも「自死」と公表すべきではありませんか。

故人の死に方がどのようなものであっても、その「死」という出来事の前に立つ私たちが、キリストによって神様へその故人を委ね、御言葉によって慰めを受けることはふさわしいことです。牧師は、その一点にまず心を砕いて葬儀に臨むべきだと思います。

「自死」ということを公表すべきかどうかは、大変難しい問題です。毎年三万人を超える方が「自死」をされているのが今の日本の現状です。その家族は、単に突然の死の悲しみに襲われるばかりではなく、「何かできたのではないか」、「ああすればよかったのでは」という自責の念も深めるものです。決して正解のない「なぜ」という問いの前に立つことになり、周辺には詮索だけが独り歩きします。

確かに、「どんな場合でも、事実に向かい合うことでこそ、それを乗り越えていくことが可能となる」という意見は正しいとは思いますが、だからといって、事実の公表へとすぐに結びつけることは適切ではないかもしれません。むしろ、その事実によって大きな痛手の中にある者が、本当にそれを受け止めていくには何が必要かということへと牧会は働かなければなりません。また、葬儀もその継続的な牧会の中にあると考えて行われるべきです。

「自死」そのものは、神様の御心に沿うことではありません。しかし、一般的に「自死」を肯定しないことと、実際にそこに起こった死に向かい合うこととは区別して考えるべきです。「自死」といっても、そこに至る過程や理由はさまざまです。実際の「自死」は、生きることを望んでいたその方が、「死」によって苦しみからの解放を求めざるを得ないように心が追い詰められた果てのことだといってよいでしょう。その現実が、恐ろしいほど私たちを捕らえていく「死の力」なのです。そうであれば、恐るべき「死の力」にさえ勝利されたキリストの御言葉を聞いていく者でありたいと思うのです。

あとがき

私がここ十数年にわたって取り組んできた「キリスト教死生学」に関わることを本書としてまとめさせていただきました。とりわけ、『本のひろば』別冊で書かせていただいた『私たちの死と葬儀』や、雑誌『Ministry』で連載をさせていただいた「看取りと悼みのミニストリー」の内容が中心となっています。キリスト教の死の理解、葬儀の意味などを明らかにしつつ、実践的・牧会的な視点をもって、看取りや悼み、死の準備教育などに関わって書いてきたものばかりです。

つまり、この本では、単に教義学的なキリスト教の死の理解を書くわけでも、礼拝学としての葬儀の一つひとつの要素を解説しているわけでもありません。むしろ、「死といのち」の問題をめぐって、日本人にキリスト教の福音の意味を伝えたいと思い、また、実際に日本人キリスト者としてキリストの救いをしっかりと受け取っていきたいと思って、言葉を紡いできたつもりです。

では、その時に私たちが日本人であるという、その「日本人」とはどういう存在なのか。キリスト教は、多くの日本人にとっては馴染みのないものです。日本人には、日本の伝統的な宗教があります。神道や仏教が日本人の共同体、その生活の中で宗教としての意味をもって機能してきたのです。

もし、その「宗教」という意味で仏教や神道ということを正面に据えて論じるとすると、キリスト教はそれらとまったく異なるものですから、ここに妥協は生まれません。神道の神とキリスト教の神とは、ごちゃ混ぜにして論じることはできません。

しかし、実践的・牧会的関心において考える時、宗教が宗教に出逢うわけではないのです。日本的な宗教土壌に生きている人々に、キリストの福音（キリストご自身）が出逢うといったほうがよいと思います。日本人は固有の宗教性を持っています。その宗教性が神道や仏教において満足させられてきたのでしょうし、あるいは、そうした宗教によって独特の宗教性が育まれたということかもしれません。いずれにしても、日本人には、日本人としてのスピリチュアルな（宗教的）求めがあるということです。

そうした求めに対して、キリストの福音が向かい合う時、必ずしもそれを退けるとは限りません。むしろ、神道や仏教が応えてきたのとは違うかたち、違う言葉によってその求めに応えていくことができるのです。また、日本人の宗教的な求めに対して、聖書的信仰

（霊性）は、そこに人間の罪の姿があるのではないかと問いかけることもあるでしょう。そして、もしかしたら西欧でのキリスト教世界ではあまり強調されなかったキリストの恵みを、日本人の霊性を通して気づかされることもあるのかもしれません。

たとえば、イエス様は、サマリアの女性やフェニキアの女性と出逢い、対話によって真実の礼拝や信仰に導かれました。御言葉は、そのように、人間に出逢い、語りかけ、そして対話的な存在です。

ですから、この本では、キリスト教の福音が日本人にどのように出逢うのかという視点を大切にしてきたつもりです。そして、その日本人を考える時に、伝統的な日本的宗教性の脈絡と、そして現代という脈絡の両方を意識しています。私たち日本人は伝統的な宗教性を生きてきた歴史を持っているからですし、しかし、それが根こそぎ変質させられているかもしれない現代世界を生きているからです。その意味で、「現代の日本的霊性」という言葉を使いました。

それぞれの時に書き溜めたものなので、内容的に重複することもありますが、お読みいただきながらキリストとの出逢いを思っていただけると幸いです。

最後になりましたが、この本をまとめさせていただくには、キリスト新聞社の金子和人社長にお支えをいただきました。忙しさにまぎれてしまう私を辛抱強く励ましてくださいました。また、日本福音ルーテル武蔵野教会への感謝を記したいと思います。幼い時からこの教会で生まれ育ち、牧師として働き、そこで多くの方々を主のみもとに送り、そのご家族と共に祈ってまいりました。父を含む多くの先輩牧師にも、この教会を通して習い学んできました。

皆様に、心から感謝申し上げます。

そして、最後に、私に働き、導いてくださった主への感謝を祈り、「あとがき」とさせていただきます。

石居基夫

二〇一六年　聖霊降臨をおぼえて

〈参考書〉

加藤周一、R・J・リフトン、M・ライシュ『日本人の死生観』上・下、岩波新書、一九七七年

柳田邦男『犠牲（サクリファイス）――わが息子・脳死の11日』文春文庫、一九九九年

長尾和宏『「平穏死」10の条件――胃ろう、抗がん剤、延命治療いつやめますか？』ブックマン社、二〇一二年

『ルター著作選集』教文館、二〇〇五年

日野原重明、アルフォンス・デーケン、木村利人『いのちを語る』集英社、二〇〇九年

木村恵子『愛する人に遺す私のノート――エンディングノート』キリスト新聞社、二〇一〇年

賀来周一・大柴譲治『聖書におけるスピリチュアリティー・スピリチュアルケア』キリスト新聞社、二〇一一年

石居正己『ルターと死の問題』リトン、二〇〇九年

川越厚『やすらかな死――癌との闘い・在宅の記録』日本キリスト教団出版局、一九九四年

斎藤友紀雄『老いとそのケア』キリスト新聞社、二〇一一年

加藤常昭他『日本の教会と「魂への配慮」』日本キリスト教団出版局、二〇〇五年

鍋谷堯爾、森優『老いること、死ぬこと』いのちのことば社、二〇一一年

井上彰三『心に残るキリスト教のお葬式とは――葬儀の神学序説』新教出版社、二〇〇五年

エリザベス・キューブラー・ロス『死ぬ瞬間――死とその過程について』読売新聞社、一九九八年
『慰めと希望の葬儀――キリスト教葬儀の考え方と実際』日本キリスト教団出版局、二〇一〇年
日本ルーテル神学大学教職神学セミナー『現代葬儀事情』キリスト教視聴覚センター、一九九四年
ヘンリ・J・M・ナウエン『最後の贈り物――死と介護についての黙想』聖公会出版、二〇〇三年
オリエンス宗教研究所『キリスト教葬儀のこころ』オリエンス宗教研究所、二〇一〇年

石居基夫（いしい・もとお）
1959年生まれ。東京都立大学、日本ルーテル神学大学・日本ルーテル神学校卒業。米ルーサー神学校博士課程修了。Ph.D（神学）。現在、日本ルーテル神学校校長、ルーテル学院大学教授、デールパストラルセンター所長。
［著書］『私たちの死と葬儀』（キリスト教文書センター）他。
［共著］『ルターを学ぶ人のために』（世界思想社）、『スピリチュアルペインとそのケア』（編著、キリスト新聞社）。

編集・DTP制作：雑賀編集工房

装　丁：長尾　優

キリスト教における死と葬儀
現代の日本的霊性との出逢い

2016年6月25日　第1版第1刷発行

著者　石　居　基　夫
発行所　キ リ ス ト 新 聞 社

〒162-0814　東京都新宿区新小川町9-1
電話 03-5579-2432
URL. http://www.kirishin.com
E-Mail. support@kirishin.com
印刷所　モリモト印刷

ISBN978-4-87395-705-0　C0016（日キ販）